Irmgard Fides Behrendt

Zerrissen ist das Netz … und wir sind frei

Tänzerin in Ostpreußen –
Ordensfrau in Brasilien

media
maria

Bibliografische Information: Deutsche Nationalbibliothek.
Die deutsche Nationalbibliothek verzeichnet diese Publikation in der Deutschen Nationalbibliografie; detaillierte bibliografische Daten sind im Internet über http://dnb.ddb.de abrufbar.

Die erste Auflage dieses Titels, dessen Inhalt jetzt aktualisiert wurde, erschien 1995 bei Bonifatius, Paderborn.
Bildnachweise:

ZERRISSEN IST DAS NETZ … UND WIR SIND FREI
Tänzerin in Ostpreußen – Ordensfrau in Brasilien
Irmgard Fides Behrendt

ISBN ISBN 978-3-9816344-8-8

www.media-maria.de

Nicht mitzuhassen, mitzulieben bin ich da.

Sophokles

Die Jahre schälen sich aus dem Dunkel der Nacht. Wie viele Tage blättere ich in der Erinnerung zurück? Fünfzehntausend, achtzehntausend? Sind es mehr? Ich müsste nachrechnen. Ich schließe die Augen. Die Nacht bleibt schwarz. Sie füllt sich langsam mit dem Donner ferner Geschütze. Noch sieht man die Mündungsfeuer nicht. Nicht die Blitze des Aufschlags. Die Schreie der Menschen, die Visionen der Hölle sind noch apokalyptische Ahnung. Nein, noch sind sie nicht Wirklichkeit. Aber unaufhaltsam walzt die Kriegsmaschinerie westwärts. Sie schiebt sich heran wie ein tausendfüßiges Ungeheuer auf Stahlbeinen, mit einem Panzer aus unversöhnlichem, vernichtendem Hass, mit gas- und giftspeiendem Rachen, der alles Leben verschlingt. Wie lange noch, bis uns das Riesenungeheuer überrennt? Noch zwei Wochen? Noch zwölf Tage? Übermorgen? Morgen? Warum lässt man uns nicht gehen, bevor die Katastrophe hereinbricht? Alle Befehle lauten: Ausharren! Bleiben! Die deutsche Armee holt zum Gegenschlag aus! Bis an die Grenze lässt man den Feind heran, vielleicht auch wenige Kilometer ins Land hinein, jedoch dann … Umzingelung. Kessel. Taktik. – Wer glaubt tatsächlich noch an den Endsieg?

Ja, der Kreisleiter glaubt daran! Er ist so gläubig wie das Kind unter dem Weihnachtsbaum. Hauptlehrer Mayer wirkt wie sein Echo: „Wer hier befiehlt, bin ich! Solange ich auf meinem Posten stehe, bleibt auch das Fräulein hier."

Das Fräulein bin ich. Irmgard Behrendt, gerade über zwanzig Jahre alt. KHD-Schulhelferin in Langenwiese in Ostpreußen. Von Beruf eigentlich Tänzerin am Landestheater „Treudank" in Allenstein. Doch statt selbst zu tanzen, tanzen mir gelegentlich die Schülerinnen und

Schüler auf der Nase herum. Kein Wunder in diesen Tagen. Die Gerüchte brodeln. Die Bauern im Dorf verstecken ihr Silber in den Wäldern, vergraben die Schinken im Apfelgarten. Frau Mayer hat ihrem Mann den Vorschlag gemacht, die wertvollen Sachen zu ihrer Tochter ans Frische Haff zu bringen und die Schulhelferin mitzunehmen. Von dort wäre es im Ernstfall leichter, über die Ostsee zu entkommen, als von hier in der Nähe des Führerhauptquartiers bei Rastenburg. Mayer hatte den Plan abgeschmettert.

Doch am Dienstag, dem 23. Januar 1945, kurz nach sieben Uhr, klopft er energisch an meine Zimmertür. „Wir haben Befehl zur Flucht. Machen Sie sich gleich fertig. Ich schicke Ihre Kinder nach Hause." Am letzten Donnerstag hat die Führerin des Reichsarbeitsdienstlagers (RAD) Grünwalde mir den Befehl übermittelt, mich sofort ins Lager zu begeben, wenn die Aufforderung zur Evakuierung käme. Jetzt ist es also so weit. Ich versuche eine Telefonverbindung zum Lager zustande zu bringen. Vergeblich. So packe ich die Koffer, verlade sie auf einen Rodelschlitten und mache mich auf den Weg zum etwa zehn Kilometer entfernten RAD-Lager.

Ein Wintertag, kalt und klar. Doch die Bläue des Himmels über der weiten masurischen Landschaft ist trügerisch. Die stotternden Motoren russischer Aufklärer knattern hoch über mir. Die Kondensstreifen hinterlassen seltsame Muster am Firmament, fast sehen sie wie Zeichnungen von Miró aus. In die Stille bellt die Flak wie ein gereizter Hofhund. Dumpf antwortet der Geschützlärm der fernen Front. Seit August ist er nicht mehr verstummt. Es ist wie das Grollen eines nahenden Sommergewitters mit tödlichem Blitzschlag.

Gerüchte eilen den Ereignissen erwartungsvoll voraus: Russische Fallschirmjäger sollen über den Wäldern von Rastenburg abgesetzt worden sein. Ein entlegenes Gehöft sei von Russen überfallen worden, berichteten meine Kinder in der Schule. Mit vorgehaltener Maschinenpistole sei die Bäuerin zur Herausgabe von Lebensmitteln gezwungen worden. Ein Soldat bot vor wenigen Tagen ein Paar fast neuer Stiefel zum Kauf, die von einer erschossenen Russin stammten. Sie gehörte einem feindlichen Funkernest an, das im Wald ausgenommen worden war. Anscheinend löste sich die Front auf: Die Landser, die gestern in Langenwiese angekommen waren, wurden trotz eines zwanzigstündigen Gewaltmarsches den sowjetischen Truppen erneut entgegengeworfen.

Mein Waldweg kreuzt die Militärstraße. Flüchtlingswagen, wohin ich blicke. In endlosen Kolonnen ziehen sie zäh westwärts. Unter dem Halbrund der Wetterdächer hocken, dick verpackt, die Familien zwischen Betten und Hausgrät. Seitlich an den Fahrzeugen baumeln Kochtöpfe, Pfannen und Stalllaternen. Ein Kontinent scheint in Bewegung zu sein. Vor Monaten, vor Wochen kamen Deutsche aus Weißrussland, aus den Grenzgebieten; jetzt sind wir es, die fliehen.

Soll ich einen Bauern bitten, mich mitzunehmen? Wohin? Wenn noch Hoffnung besteht, sich nach Westen durchzuschlagen, dann doch sicher mithilfe des Reichsarbeitsdienstes.

Ein Siedler, der dem Lager gegenüber wohnt, schaut mich mitleidig an. „Das Lager ist am Freitag geräumt worden."

„Also hat man mich vergessen?"

Achselzucken.

„Wohin soll ich jetzt gehen?“

Zurück nach Langenwiese. In Wachau begegnen mir einige Jungen.

„Fräulein, bleiben Sie jetzt bei uns? Ist morgen wieder Schule?“

Nein, es wird kein Unterricht mehr sein.

Irmgard Behrendt am Tag ihrer ersten hl. Kommunion.

Vor dem Schulhaus steht ein bepackter Flüchtlingswagen. Familie Mayer ist abfahrbereit. Ein Platz für das Fräulein? Nein, für die Schulhelferin sind „die vom Herrenhof" zuständig.

Ich eile zum Gutsgebäude. Frau Schefke lächelt verlegen. „Natürlich, mit Vergnügen. Doch im Personenwagen geht es leider nicht. Und der Treck kommt erst in wenigen Tagen nach, Sie müssen verstehen." Sie deutet auf die geschlachteten Schweine und Berge von Geflügel; bis das Fleisch verarbeitet ist, vergeht viel Zeit. Zurück zur Schule. Herr Mayer hantiert mit seinem Revolver. Er als Parteifunktionär zieht es vor, den Russen nicht lebend in die Hände zu fallen. Seine Frau verlässt sich auf Zyankali …

Ich bin allein im Schulgebäude und warte. Worauf? Auf einen Engel, der mir den Weg aus dem Dunkel zeigt? Paula und Marga, die ältesten Töchter des Bauern Groß, bieten mir an, mit ihnen zu fahren. Wir sind Freunde. Manchen Sonntag haben wir nach dem gemeinsamen Kirchgang zusammen verbracht. Doch ihre Reise soll erst am nächsten Tag beginnen.

Was tun? „Nur das nicht", sagt ein Soldat. „Fahren Sie auf keinen Fall mit den Bauern. Das ist Wahnsinn. Die Straßen sind verstopft. Wenn ein Militärtransport dadurch behindert wird, landet der ganze Treck im Straßengraben. Und – wollen Sie mit dem Gerümpel etwa durch die kalte Ostsee schwimmen? Eine Landverbindung besteht nicht mehr."

Ingo, Mayers jüngster Sohn, ein achtzehnjähriger Fähnrich, der sich nach einer schweren Feuertaufe vom ersten Fronteinsatz im Elternhaus kuriert hat und sich nun der Truppe anschließen soll, will mir sein Versteck für den Hausschlüssel zeigen. „Wenn der ‚Trubel' vorbei ist, müssen Sie zurückkommen und mit mir wieder Schach spielen."

„Los, los, Sie dürfen keine Zeit mehr verlieren", drängen die Soldaten. „Wenn wir Sie vor den Russen retten sollen, wird es höchste Zeit." Draußen steht ein offener Feldwagen. Bei minus zwanzig Grad und schneidendem Nordostwind geht die Fahrt nach Rhein. Von dort sollen noch Militärtransporte abgehen.

Doch der Eisenbahnverkehr ist stillgelegt. Die Straßen sind verstopft mit zurückflutendem Militär und ziellosen Flüchtlingstrecks. Einige Soldaten packen meine Koffer und bahnen sich einen Weg zum Hotel. An einem der Tische ist ein freier Platz. Die Nacht wird lang werden.

Ein Offizier fragt nach dem Woher und Wohin. Ich nenne Heilsberg als Ziel, die Heimat meiner Mutter. Er winkt einer Patrouille. Ein Soldat entfaltet eine Autokarte. „Wir haben in dieser Nacht Marschbefehl nach Rößel. Rößel liegt an der Straße nach Heilsberg."

„Falls Sie das Angebot annehmen wollen, ich habe noch Platz in meinem Privatwagen", sagt der Offizier, der im Zivilberuf Frauenarzt und für die Evakuierung der werdenden Mütter verantwortlich ist. „Sie können unmöglich allein in dieser Umgebung bleiben." Er winkt der Wache, die meine Koffer die Treppe hinaufträgt. Erst da wird mir bewusst, dass es sein Zimmer ist. „Das Hotel ist natürlich ausgebucht", entschuldigt sich der Arzt.

Weitere Offiziere betreten das Haus. Es sind Herren vom Kriegsgericht. Sie mustern mich zweideutig. In diesen Tagen böten sich die Weiber geradezu an, nur um mitgenommen zu werden und aus dem Kessel herauszukommen, bemerkt einer geringschätzig. Ich möchte ihm einen Fußtritt geben.

Der Arzt erinnert an eine Einladung „zu guten Bekannten". Ob ich mitgehen wolle. Wir gehen durch die Dunkelheit. Die Gegend ist nicht vertrauenerweckend. Wir durchschreiten einen finsteren Torbogen. Blass geschminkte Frauen begrüßen den Arzt mit großem Hallo. Wir folgen der Musik auf die Tanzfläche. Der Alkohol fließt reichlich.

„Gib acht auf mich, dass ich nicht zu viel trinke. Wir müssen diese Nacht zusammenbleiben." Das vertrauliche ‚Du' verwirrt mich. Ich bin froh, dass wir bald wieder auf der Straße stehen. Wie kalt die Nacht ist. „Hab' nicht so viel Vertrauen zu mir", sagt der Arzt. „Du weißt gar nicht, was ich für ein Mensch bin."

Für den Rest der Nacht will er einen zweiten Offizier auf sein Zimmer bitten. Angeblich, um meinem guten Ruf nicht zu schaden. Im Zivilberuf sei dieser ein solider Postbeamter und Familienvater. Dazu katholisch wie ich. „Weißt du, du musst einen guten Schutzengel haben. Ich will dein Vertrauen nicht missbrauchen. Glaube mir, die Menschen sind schlechter als du denkst, und was mich betrifft …" Er hält inne und blickt mich durchdringend an. „Gott sei Dank bist du den Kerlen vom Kriegsgericht nicht in die Hände gefallen … Deine Arglosigkeit wird noch zum Problem werden."

Der Arzt beginnt aus seinem Leben zu erzählen. Es ist ein düsterer Bericht, in den sich die Verzweiflung über die militärische Lage mischt. Das Leben genießen – und sich dann erschießen. Untergangsstimmung, Panik, ein verlorenes Leben klagt sich an. Wie weit ist dies von meinen Gedanken und Überzeugungen entfernt! Meine Nerven sind zum Zerreißen gespannt. Ich bin froh, dass der zweite Offizier endlich erscheint. Das Licht erlischt. Ich ziehe die Verdunklung ein Stück zurück und schaue in die sternklare Nacht.

Allmählich verblassen die Sterne. Im Hotel regt sich der Morgen. Der Bursche klopft an die Tür. Ich stelle mich schlafend, und die Offiziere geben sich Mühe, mich nicht zu stören. Als sie das Zimmer verlassen haben, stehe ich eilends auf, ordne meine Sachen. Wird die Reise bald beginnen?

Der Postbeamte geleitet eine Frau mit zwei kleinen Kindern in den Raum. Sie haben unter den Flüchtlingen in der Halle die Nacht verbracht. Der Arzt mahnt: „Lassen Sie die Soldaten nicht wissen, dass Sie Witwe sind. Sagen Sie, Ihr Mann stehe in Russland." Ich sehe in leere Augen. Die Kinder weinen. Später geht die Frau. Der Postbeamte folgt ihr auf dem Fuß.

An eine Abfahrt ist nicht zu denken. Das klare, kalte Wetter lockt die Tiefflieger an wie ein Honiglas die Wespen. Es gibt keine nennenswerte deutsche Abwehr mehr. Das Hotel ist übervoll. Lärm, Schreie. Ich werde Zeugin von Auseinandersetzungen zwischen den Offizieren. Kräfte vergeuden sich ins Sinnlose, während die Front zusammenbricht.

Bei Einbruch der Nacht setzt sich der Transport endlich in Bewegung. Er besteht aus einigen Omnibussen mit militärischem Schutz. Die Insassen sind vor allem werdende Mütter. Die Damen des Bordells schließen sich an. An der Spitze des Zuges fährt der Frauenarzt in seinem Privatwagen. Eine der Frauen versucht, mir den Platz an seiner Seite streitig zu machen.

Die Fahrt verläuft ohne größere Zwischenfälle. Ich bin müde. Unmerklich sinkt mein Kopf gegen die Schulter des Arztes. Der Kamm fällt heraus. Ich beginne ihn zu suchen, während der Arzt aussteigt und nach der Ursache einer Verkehrsstockung forscht.

„Das kommt davon, wenn man verliebt ist", knurrt der Chauffeur.

„Ich bin nicht verliebt, merken Sie sich das", erwidere ich kühl.

Der Chauffeur verbirgt seinen schwäbischen Dialekt hinter gestelzten hochdeutschen Worten: „Sie wissen nicht, was der Arzt für ein Mensch ist. Ich bin weiß Gott kein Kostverächter, aber wenn Ihnen etwas zustößt – das ertrage ich nicht." Er teilt die eiserne Ration mit mir. „Ich sorge mich um Sie. Trauen Sie dem Mann nicht!"

Die Fahrt geht weiter. Die Nacht ist stockfinster. Die Straßen sind vereist. Die Autos fahren ohne Licht. In der Ferne grollt das nahende Frontgewitter.

Rößel. Mitternacht ist vorbei. Wir stehen auf der Dorfstraße und warten in der Hundekälte. Wieder bin ich mit Karl, dem Chauffeur, allein. „Gehen Sie nicht mit dem Doktor", warnt er mich abermals. „Ich bin schon lange sein Fahrer. Mein Quartier ist in der Nähe. Ein einfaches Zimmer. Es gehört Ihnen. Ich bleibe draußen. Sie können sich einschließen."

Wenn ich nicht mit ihm gehe, überlege ich, ist die Flucht vor den Russen in dieser Stunde zu Ende.

Der Arzt kommt zurück. „Es tut mir leid, dass Sie auf der Straße warten mussten. Aber ich muss gleich wieder weg."

Ich bleibe allein im Wagen. Karl geht draußen auf und ab. Seine Schritte sind so sicher und gleichmäßig wie das Pendel einer großen Standuhr. Ich fröstle. Achtundvierzig Stunden habe ich nicht mehr geschlafen. Die Zeit gefriert. Endlich erscheint der Doktor. Er nennt Straße und Hausnummer; ein Quartier für die Nacht. „Du wirst Fräulein Behrendt begleiten und sehen, wo sie schläft.

Anschließend fährst du mich ins Hotel. Sie bleibt nicht bei mir."

Ich höre, wie Karl ein Stein vom Herzen fällt ... Er trägt die Koffer zu einem einladend schönen Haus. Der verschneite Vorgarten verwandelt es in ein kleines Märchenschloss. Eine liebenswürdige Dame öffnet die Tür zum ersten Stock. „Um acht zum Frühstück", verabschiedet sie den Offizier.

Das Zimmer ist geschmackvoll eingerichtet. Doch ich nehme die Möblierung kaum noch wahr. Ich danke Gott mit einem Stoßgebet und der Mutter Gottes für ihren Schutz. Es ist gegen drei Uhr, und ich bin todmüde.

Der Doktor bringt zum Frühstück Lebensmittelkarten, Käse und Fleischkonserven mit. Wir sitzen uns wortlos gegenüber. Draußen im Vorgarten zaubert der Winter Kristalle an Bäume und Büsche. Im Sonnenlicht sehen sie wie glitzernde Glasperlen aus. Da unsere Reise nicht sogleich fortgesetzt wird, verabreden wir uns zum Mittagessen im Hotel. Am Buffet lehnt lässig ein Offiziersbursche und unterhält sich mit dem Barfräulein. Man erkennt auf den ersten Blick, dass er Chancen bei ihr hat. Wahrscheinlich nicht nur bei ihr. Der Arzt macht eine anzügliche Bemerkung. In diesen Tagen nimmt man es mit ehelicher Treue nicht genau. Wer weiß denn, ob er morgen noch lebt?

„Ich glaube, du hast einen guten Schutzengel", lächelt der Arzt hintergründig.

„Wieso?"

„Weil ich ebenfalls meine Pläne mit dir hatte – so wie die Herren vom Kriegsgericht mit ihren Damen. Du weißt schon."

Ich senke die Augen. Vielleicht werde ich rot, ich weiß es nicht. Ich spüre die Hitze in meinem Gesicht.

„Ich habe das Quartier bei der Dame für dich – und mich ausgesucht, verstehst du? Aber am Ende brachte ich es nicht übers Herz, meine Pläne in die Tat umzusetzen. Ich begann, mich vor mir selbst zu ekeln. Vielleicht, weil das Maß endgültig voll war. Möglicherweise aber auch, weil du so jung und unschuldig bist."

Der Arzt beugt sich vor. „Es ist das erste Mal, dass ich einer unverheirateten Frau die Hand küsse. Noch nie hatte ich vor einer Frau so viel Ehrfurcht wie vor dir."

Ich versuche, dem Gespräch eine andere Richtung zu geben, erzähle vom Abitur und einem Wort Jean Jacques Rousseaus, das ich in der Prüfung zur Interpretation zugewiesen bekam. „Tout est bien" – diesen Satzfetzen fängt der Doktor auf. Er wiederholt ihn mehrmals, spricht ihn bedächtig vor sich hin. „Schreib ihn mir auf", bittet er dann.

Die Lage ist aussichtslos. Wir kommen nicht weiter. Ziellos durchwandern wir die Stadt. Das Elend der Flüchtlinge staut sich in den Straßen, in Hausfluren und überfüllten Zimmern. Kinder weinen. Es ist kalt. Die Nacht senkt sich über einer ergreifenden Tragödie.

Als ich am Samstagmorgen die Hotelhalle betrete, starren mich zahlreiche Augenpaare entgeistert an.

„Sie hier?"

„Wo hätte ich sonst sein sollen?"

Die Betreiberin des Bordells in Rhein klärt mich auf: „Dr. H. hat in der Nacht Befehl erhalten, versprengte Truppen und Munition zur Front zu fahren. Haben Sie das nicht gewusst?"

„Woher hätte ich das wissen sollen?"

„Nun, haben Sie nicht mit ihm geschlafen?"

Ich werfe ihr einen wütenden Blick zu und wende mich grußlos zum Ausgang.

Wohin?

Die Russen stehen schon hinter Allenstein. Am 21. Januar sind sie in die Stadt eingefallen, konnten jedoch noch einmal verdrängt werden. Was ist aus Vater und Mutter geworden?

Ich suche eine Bekannte auf, die Musiklehrerin Bleise, die sich rührend um ihre alten Eltern müht. Die Mutter ist mit 83 Jahren noch recht rüstig, bei dem etwa zehn Jahre jüngeren Vater macht sich eine Gehirnsklerose bemerkbar. „Sie gehören jetzt zu uns", sagt die Musiklehrerin. Sie ist katholisch wie ich und lebt aus der Kraftquelle ihres Glaubens.

Wir machen Pläne und verwerfen sie angesichts der endlosen Züge gehetzter Flüchtlinge und Verwundetentransporte. Versprengte Soldaten berichten von totaler Auflösung der Front, von Sabotage und Verrat. Eine Munitionsfabrik fliegt in die Luft.

„Es soll ein Flüchtlingszug abgehen." Frau Kroll, die mit ihren beiden Kindern in den Mansarden bei Bleises wohnt, klammert sich an die vielleicht letzte Möglichkeit, bis zur Ostsee zu gelangen.

Sofort steht auch mein Entschluss fest.

Frau Bleise seufzt. Sie denkt an die Eltern. Vor einem Monat hat sie der Bitte ihres Bruders, mit ihnen nach Berlin zu kommen, aus Rücksicht auf ihren Gesundheitszustand nicht entsprochen. Nun ist es wahrscheinlich zu spät. Das Thermometer sinkt auf fast 30 Grad.

Bei schneidendem Nordostwind brechen Frau Kroll, ihre Kinder und ich auf. Im Bahnhof steht ein Zug. Doch es fehlt die Lokomotive. Ein Strom von Flüchtlingen zwängt sich in die Waggons, harrt in trügerischer Hoffnung und steigt wieder aus. Kinder weinen. Einigen Müttern sind indessen die Säuglinge in den Armen steif gefroren. Das Reservelazarett verrät einen überstürzten Aufbruch. Das Licht in den Räumen brennt noch, die Türen stehen auf. Nein, mit dem Verwundetentransport gibt es keine Möglichkeit der Rettung.

Hinter einem Haus in der Adolf-Hitler-Straße tuckert der Motor eines abfahrbereiten Lastwagens. Frau Bleise steht in der Haustür und wartet auf die Neuigkeiten, die wir vom Bahnhof mitbringen.

„Hier werde ich die Russen kommen sehen“, sagt sie mit ferner Stimme und deutet mit den Augen die Straße hinab.

In der Erdgeschosswohnung wohnt ein junges, kinderloses Ehepaar. In Hektik packt die Frau einige Koffer. Sie hat schreckliche Angst vor den Russen. „Ob ich mir das Leben nehmen darf?“, fragt sie immer wieder. „Wenn es jetzt Tag wäre, ich liefe zum Pfarrhaus hinüber, um mich zu vergewissern, dass ich mein Leben beenden darf, bevor so ein Wüstling mich anrührt.“

„Sie dürfen nicht Hand an sich legen“, sage ich fest.

„Dann kommen Sie mit uns“, bittet die junge Frau. „In Ihrer Gegenwart fühle ich mich ruhiger. So Gott will, bringt uns das Auto bis Mehlsack.“

Ein leiser, vorwurfsvoller Blick von Frau Bleise trifft mich. „Ich dachte, Sie würden bleiben und mich nicht alleinlassen. Wissen Sie denn, ob Sie bei dem Chaos auf den vereisten Straßen überhaupt durchkommen? Kennen Sie den Fahrer? Ist er verlässlich? Und reicht der Treibstoff? Wenn das Militär das Benzin nun requiriert? Ist Mehlsack noch in deutscher Hand?“

Zu viele Fragen auf einmal. Ich denke nicht weiter darüber nach, als ich die Tränen in den Augen der Frau sehe.

„Ich bleibe.“

Wir steigen die Treppen hinauf. Die Eltern sind schon zur Ruhe gegangen. Ich horche noch lange auf das vielleicht rettende Motorengeräusch des Lastautos vor meinem Fenster. Eine unsagbare Verlassenheit umklammert mich. Nein, ich weiß, wir sind in Gottes Hand.

Die Wohnung im Erdgeschoss ist leer. Das Motorengeräusch verweht. Es ist Sonntag.

Ich gehe zur Kirche. Obgleich die Straßen von Flüchtlingen überfüllt sind, ist das Gotteshaus fast leer. Gegen Schluss der hl. Messe erklärt der Priester, dass dieses Messopfer wohl das letzte für lange Zeit gewesen sei. Er erteilt die Generalabsolution.

Bei Bleises ist unterdessen eine junge Frau eingetroffen. Sie und ihre Kinder wollten fliehen, doch inzwischen ist der Treck wieder auf dem Heimweg. Wohin hätten sie ziehen sollen? Das Chaos auf den Landstraßen ist unvorstellbar. Mit der allgemeinen Ordnung schwindet auch die persönliche Verantwortung. Jeder denkt nur an sich, boxt sich durch. Das Faustrecht entscheidet. Wer sein Eigentum verloren hat, vergreift sich an der Habe des anderen, nimmt dem Flüchtling, was er selbst nicht mehr besitzt.

„Stellen Sie sich vor", erzählt die junge Frau, „einer mir bekannten Familie ist unterwegs die Großmutter gestorben. Kein Gedanke, ihr ein Grab schaufeln zu können. Der Boden ist steinhart, und der Treck wartete nicht. Also wickelten sie die Tote in den Teppich und legten sie oben auf den Wagen. Über Nacht war der Teppich verschwunden ..."

„Nein, es ist ratsam, das Ende auf eigenem Grund und Boden zu erwarten", nickt Frau Bleise.

Als die junge Frau aufbricht, bietet sie mir an, mit ihr zu gehen. „Von Ihnen geht eine wohltuende Ruhe aus. Man spürt Gottes Schutz. Sie könnten sich meiner Kinder annehmen."

Ich lehne ab, obgleich der Gedanke, auf ihrem großen Hof in der Nähe von Rößel mit Speise und Trank gut versorgt zu sein, verlockend ist. Bisher hat niemand daran gedacht, in der Stadt verhungern zu können.

Frau Kroll wollte mit ihren Kindern ins nächste Dorf zu Verwandten. Nun schellt sie und bittet verstört, mit den Kindern unterkommen zu dürfen. Die Wehrmacht hat sie nicht durchgelassen. Die Russen stehen vier Kilometer vor Rößel …

Wir sitzen schweigend beisammen. Die Zeit verrinnt. Wie viel bleibt uns noch? Ob wir heute Abend noch leben? Oder morgen? Und wie überhaupt?

„Wollen Sie mit mir den Rosenkranz beten?"

Frau Kroll nickt. Die Stimmen klingen gepresst und wie geistesabwesend. Jeder hört auf die Geräusche in den Straßen. „Heilige Maria, Mutter Gottes …"

Da, der Boden birst vom Einschlag der Granaten. Die Menschen springen auf.

„Wir müssen in Deckung!"

Auf der anderen Straßenseite, schräg gegenüber, gibt es einen Luftschutzkeller. Während ich nach den Koffern greife, stützt Frau Bleise ihre alten Eltern. Vorsichtig öffne ich die Haustür. Im gleichen Augenblick explodiert eine Granate im Vorgarten, wirft mich zu Boden.

„Schnell! Schnell!"

Etwa dreißig Frauen und Kinder sind im Luftschutzraum versammelt. Sie sitzen dicht aneinandergedrängt an den Wänden. Der Keller zittert unter der Wucht der in unmittelbarer Nähe berstenden Geschosse. Wenn wir nur keinen Treffer abbekommen … Die Kinder schreien vor Angst, Mütter weinen. Ich versuche, den angefangenen Rosenkranz zu Ende zu beten. Frau Bleise möchte den Eltern eine Erfrischung anbieten. Jedoch in der Hektik des Aufbruchs habe ich den Korb mit den Lebensmitteln drüben stehen lassen. Ich steige vorsichtig die Kellertreppe hinauf. Direkt neben dem Eingang bellt ein

Maschinengewehr und bestreicht die Straße mit seinen tödlichen Garben. Ich mache kehrt. Das Fensterglas fällt klirrend in den Luftschutzraum hinab; eiskalte Luft weht herein. Herr Bleise bekommt einen Anfall …

Die Kälte dringt bis ins Mark. Die Minuten erstarren. Die Zeit hört auf zu existieren. Stille. Unheimliche Stille. Ist es die Stille vor dem Sturm? Grabesstille? Erleben wir einen Abglanz ewiger Ruhe? Dämmerung sickert durch die zersprungenen Fenster. Aus bestimmter Entfernung dringen die Laute einzelner Explosionen an unser Ohr, unterbrochen vom hellen, platzenden Ton der Gewehrschüsse. Von unten herauf, aus dem Bauch der erstarrten Erde, nähert sich das Rasseln der Raupenfahrzeuge. Die russischen Panzer rücken vor.

Da, auf der Kellertreppe harte Männerschritte. Die Russen sind im Haus. Fremde Stimmen. Kurze, abgehackte Befehle. Mit schussbereiter Maschinenpistole erscheinen zwei, drei Gestalten in der Kellertür. Der Aufschrei der Frauen wie eine Fontäne, die das Gewölbe überflutet. „Dawai!“ Einzeln sollen die Kellerinsassen an den Soldaten vorbeigehen. Man drängt sie in die kleine Waschküche. Manche Frauen bitten in kindlicher Einfalt, nicht erschossen zu werden. Andere werfen sich den Soldaten an den Hals, bieten mit verzweifelten Gesten ihre Leiber an, wenn sie nur am Leben bleiben. Neben mir öffnet eine Frau die Handtasche, zieht eine Flasche Schnaps heraus. Der Russe lehnt ab.

„Uhrr!“ Der Soldat deutet auf das Handgelenk. Wir sollen die Armbanduhren abgeben. Das goldene Erinnerungsstück meiner Mutter liegt einen Augenblick in der Hand des Fremden.

„Alle nach Hause!“, lautet der Befehl.

Wir kehren zurück. Vor achtzehn Stunden sind wir diesen Weg gegangen. Doch wie hat sich die Stadt verändert! Ist sie überhaupt noch wiederzuerkennen, nachdem die gewaltsame Faust des Krieges sie getroffen hat? Kleine zottige Pferde ziehen verdreckte Panjewagen durch die Straßen. Angetrunkene Soldaten und Weiber vom Tross grölen und kichern. Russen tanzen in geblümten Pyjamas und spitzenverzierten Nachthemden, die sie über den speckigen Watteblusen tragen, in den Straßen. Die Stadt wird geplündert. Das Wetter ist umgeschlagen. Der Schnee hängt in dicken Krusten an den Schuhsohlen.

Neben Frau Bleise trippelt wimmernd ihre alte Mutter. An der anderen Seite geht, gestützt von Frau Kroll, Vater Bleise. Die Ereignisse haben ihn überrannt; er ist wahnsinnig geworden.

In der Wohnung sieht es wüst aus. Die Fenster sind beim Verlassen der Räume offen geblieben, um den Luftdruck der einschlagenden Granaten zu mindern. Der Schaden ist dennoch beträchtlich. An der Frontseite des Hauses lassen sich zwei Zimmer notdürftig instandsetzen.

In Trupps von zehn und mehr Männern durchstreifen russische Soldaten die Straßen und Gassen, Haus um Haus. Befreite Kriegs-und Zivilgefangene führen sie an, stacheln sie auf, locken sie in Gebäude, die reichlich Beute versprechen. Der Gärtner Handke, dessen Besitz hinter Bleises Haus liegt, muss sich in das geöffnete Küchenfenster stellen. Sein achtzehnjähriger Zivilgefangener Josef tötet ihn mit gezielten Schüssen. Im Nachbarhaus liegen die Leichen der alten Damen Katranski. Die Soldaten haben ihnen mit dem Gewehrkolben die Schädel eingeschlagen, als sie sich, eng aneinandergeklammert, schützend vor die jüngere Schwester stellten.

Schon rüttelt es ungestüm an der Korridortür. Glas klirrt unter Fußtritten und Gewehrkolben, weil niemand so schnell öffnet. Frau Bleise empfängt mit gespielter Gelassenheit die ungebetenen Gäste: sechs Soldaten, an ihrer Spitze Josef. Er trägt jetzt eine Russenkappe, um seine Schultern hängt eine Maschinenpistole.

„Soldat! Deutsche Soldat!"

„Hier sind keine deutschen Soldaten."

Sie suchen Munition und Waffen, entdecken das in Kisten verstaute Tafelsilber und Porzellan.

„Du!" Der Anruf gilt mir.

„Du kommen!" Mit vor die Brust gepressten Händen stehe ich rücklings gegen einen Schrank gelehnt.

„Nimm die Hände weg!", schreit Josef.

„Wie alt bist du?"

„Fünfzehn", lüge ich. Es klingt einstudiert.

Frau Kroll und ich müssen mit nach oben, um den Vorwurf zu entkräften, Soldatenstiefel versteckt zu haben. Frau Kroll jammert, wird in eines der Mansardenzimmer gestoßen, ich in das andere. Nur ein Bett steht darin. Der Russe hinter mir packt mich, macht eine unmissverständliche Geste. Ich schüttle verzweifelt den Kopf. Sein Gesicht wirkt aufgedunsen, eckig, grob. Lauernd blickt es mich an. Dann greift der Mann abermals zu und wirft mich aufs Bett.

„Hilfe!", möchte ich schreien, aber mein Mund ist ausgetrocknet, wortleer. Wer hätte mich auch aus dieser Lage befreien können? In höchster Not bitte ich die Gottesmutter um Schutz: „Maria, breit den Mantel aus ..." Es ist fast ein mechanischer innerer Ruf, oft erprobt in ausweglos scheinenden Situationen. Wieder schüttle ich den

Kopf. Der Soldat will die Waffe von der Schulter reißen. Doch jetzt braucht er beide Hände, die Maschinenpistole mit der Trommel ist unhandlich. Einen Augenblick muss er mich loslassen, lang genug, um aufzuspringen. Er stößt mich vor die Brust, dass ich zurücktaumle, dann treffen mich seine harten Schläge ins Gesicht, auf den Kopf. Ich spüre, wie ich allmählich k.o. gehe. Nur das Bewusstsein nicht verlieren! Wieder lehne ich sein Begehren ab.

Ich kann mich nicht mehr aufrichten. Er kniet fast auf mir, der Lauf der Pistole pendelt vor meinem Gesicht. Ich sehe das schwarze Mündungsloch.

„Schießen Sie nur!", stöhne ich.

Er schießt nicht. Er zieht vielmehr ein zweischneidiges Messer aus einer Scheide im Stiefelschacht. Jetzt, jetzt wird er es mir in den Leib bohren …

Die Tür springt auf. Josef steht im Rahmen, er bringt die Maschinenpistole in Anschlag. Der Soldat schüttelt den Kopf, schiebt den Lauf mit höhnischem Gelächter zur Seite.

Der frühere Zivilgefangene wendet sich an mich: „Tu doch nicht so, als ob du die Unschuld vom Lande wärst. Du bist doch sonst nicht so gewesen. Ich kenne dich. Du bist auch nicht besser als die anderen."

„Sie können mich nicht kennen. Ich stamme nicht von hier."

„Es nützt dir alles nichts. Wir machen es mit allen deutschen Frauen so", zischt Josef voller Hass.

„Denken Sie doch bitte an Ihre Mutter und Ihre Schwestern", flehe ich.

Unversöhnlich trifft mich die Antwort: „Die deutschen Soldaten haben es mit unseren Müttern und Schwestern geradeso gemacht."

Irmgard Behrendt in jungen Jahren.

Der Soldat will wissen, was ich mit Josef gesprochen habe, und Josef muss übersetzen. Meine Bitten überzeugen sie nicht, denn jetzt fallen sie beide über mich her, traktieren mich mit Fäusten. Die Schläge prasseln auf meinen Kopf. Josef zerrt an meinem Kleid.

„Wenn nicht, dann zerreiß ich es."

„Mir liegt nichts daran."

Mein Verstand ist hellwach. Jede Faser meines Bewusstseins ist wie elektrisiert, wie sprungbereit. Nein, gegen die rohe Gewalt habe ich keine Chance. Ich erkenne in diesem Augenblick nur die Möglichkeit, mich ganz in Gottes Arme zu werfen. Als Kind schon habe ich in jeder hl. Messe bei der Wandlung meine Hände zu einem Grübchen zusammengelegt und den Herrn um einen Tropfen seines Blutes für einen „armen verirrten Russen" gebeten. Sie taten mir immer schon leid. Wie sonderbar, dass ich dieses Bild aus Kindertagen in diesem Augenblick so lebendig vor mir sehe.

Dem dritten Russen vor der Tür ist das Warten zu lang. Nun wird er in den ungleichen Kampf eingreifen. Jeden Moment erwarte ich die Kugel oder den Stoß mit dem Messer.

„Herr, wenn du mein Leben noch dazu willst, dann nimm es, aber rette wenigstens einen Russen – diesen ersten hier – für deine Ewigkeit ..."

Plötzlich stutzt der Soldat, wirft die Waffe über die Schulter und schiebt die verblüfften Kameraden zur Tür hinaus.

Ich springe auf. „Nur raus hier!", ist mein Gedanke. Der Russe geht mit seinen Gefährten ein paar Schritte vor mir. Josef dreht sich um und reckt die Faust.

„Du wirst erschossen!"

Sie kommen fast täglich, die marodierenden Soldaten. In wilden Trupps fallen sie in die Häuser ein, über Frauen her. Nachts hört man die Schreie der Vergewaltigten. Auch Frau Kroll weint und schimpft in zorniger Verzweiflung und trotz der Gegenwart ihrer Kinder. „Nie habe ich etwas mit einem anderen Mann zu tun gehabt als mit meinem, und jetzt lässt Gott das zu …"

Frau Bleise hat eine Art Pfannkuchen gebacken.

„Wollen Sie etwas essen?"

„Nein, danke."

Als wir allein sind, fragt sie: „Haben die Russen Ihnen auch etwas angetan?"

„Nein, sie konnten nicht."

„Tapferes Mädchen." Sie streicht mir übers Haar. „Sie sind noch ganz verschwollen."

Ich spüre keine Schmerzen.

Manchmal unterhalte ich mich mit dem zwölfjährigen Heinz Kroll. „Beten Sie?", fragt er zaghaft. Wegen einer dunkelblauen Skihose haben sowjetische Soldaten ihn für einen Hitlerjungen gehalten und schwer misshandelt. Schließlich sperrten sie ihn in einen Schrank und sagten ihm, dass er hingerichtet werde. Totenblass, aber gefasst hat Frau Bleise ihn dort entdeckt. Mit Heinz unterhalte ich mich wie mit einem Erwachsenen.

Die Dämmerung bricht früh herein. Wieder erscheint ein Trupp Soldaten in Bleises Wohnung. Ich hocke in einem Winkel am Boden, das geschwollene Gesicht zur Wand gekehrt. Der Kommandant stellt in fast akzentfreiem Deutsch ein paar Fragen nach den sozialen und wirtschaftlichen Verhältnissen der Bewohner.

Niemand getraut sich zu antworten.

Ich stehe auf. Ein auffallend elegant gekleideter Offizier in Lackstiefeln und mit gefransten Stulpenhandschuhen steht vor mir. Er trägt einen Schnurrbart nach amerikanischer Art. „Sprechen Sie russisch?", fragt er, nachdem ich ihm seine Fragen nach bestem Wissen beantwortet habe. Ich verneine. Dann gehe ich auf meinen Platz in der Ecke zurück. Der Offizier spricht mit seinen Begleitern, dann gehen sie.

Frau Kroll fällt über mich her: „So ein Benehmen! Man hat über Sie gesprochen. So benimmt man sich nicht einem Mann gegenüber, von dem Freiheit und Leben abhängen." Auch Frau Bleise macht mir Vorwürfe.

Die Stimmung schlägt gegen mich um.

Welche Rechte haben die Besiegten?

Was wird aus Josefs Todesandrohung?

Abends ziehe ich nur die Schuhe von den Füßen. Schwere Detonationen schrecken uns aus dem Schlaf. Ein Munitionsdepot am Stadtrand steht in Flammen. Trotz des Krachens hören wir die gellenden Schreie der Menschen, die aus ihren Häusern gezerrt werden ...

Gewehrschüsse knattern.

Kommt jemand die Treppe herauf?

Der Lärm ebbt ab. Als ich erwache, steht die Sonne am Himmel.

Wasser, Licht und Gas sind gesperrt. Im Erdgeschoss steht noch eine halbvolle Badewanne. Die Teller werden, um Wasser zu sparen, mit Zeitungspapier abgerieben. Nach zwei Tagen ist die Schmiererei so groß, dass ein wenig Wasser zum Spülen bewilligt werden muss. Und selbst dieses Spülwasser landet in einem Topf, wird aus Versehen mit etwas Mehl und Marmelade vermengt ...

Man wagt sich nicht aus dem Haus. Plünderer durchwühlen täglich zwischen fünf- und zehnmal alle Schränke und Kisten. Es gibt keinen blinkenden Gegenstand, geschweige einen Spiegel in der Wohnung. Der Ehering von Frau Kroll ist im Blumentopf versteckt.

Ein Mongole mit Pockennarben im Gesicht kann nicht verstehen, weshalb Deutschland den Krieg gegen die Sowjetunion begonnen hat. Um sich des russischen Fortschritts zu bemächtigen? In den einfachsten Häusern ist mehr Komfort, als er je gesehen hat. Warum also der Krieg?

Hitler und Stalin hätten den Krieg gewollt, versucht Frau Kroll zu erklären, nicht das Volk.

„Väterchen Stalin – gut!“, begeistert sich der Mongole.

Der Mangel an Wasser wird zur Katastrophe. Der Mongole begleitet Frau Kroll zu einer öffentlichen Pumpe. Mit zwei Eimern und vielen Neuigkeiten kehrt sie zurück. Die Müllwagen sammeln die Leichen ein, je fünfundzwanzig kommen in ein Massengrab. Ein Geschäftsmann liegt noch in der Tür seines Hauses, so wie man ihn erschossen hat. Aus bescheidenen Anfängen entwickelte er mit viel Fleiß ein kleines Unternehmen. Der Vorwurf, „Kapitalist“ zu sein, genügte, um ihn zu beseitigen. Der Zustand der sechzehnjährigen Apothekerstochter ist bedenklich. Dreizehn Russen fielen gleich am ersten Tag über sie her …

Die geistige Umnachtung, in der Herr Bleise lebt und die zu Wutanfällen mit so ungeheurer Kraftentfaltung führt, dass er selbst Stuhlbeine wie Hölzchen knicken kann, sowie der Mangel an lebensnotwendigen Dingen wären noch zu ertragen, wenn nicht die schreckliche Bedrohung durch die Soldateska bliebe. Ein angetrunkener

Soldat winkt Frau Kroll ins Nebenzimmer. Weinend kehrt sie zurück.

„Ich muss mich immer opfern. Das nächste Mal sind Sie dran." Sie weist auf mich.

„Niemals. Ich werde es nicht tun."

„Sie sollten das nicht ‚sich opfern' nennen", sagt Frau Bleise. „Sie tun niemandem von uns einen Gefallen."

„Der Herr Sanitätsrat hat gesagt, es hat keinen Zweck, sich zu widersetzen. Wir sind nun mal in einer misslichen Lage."

„Von meinem Gewissen dispensiert mich kein Sanitätsrat", erwidere ich. Die Diskussion endet unbefriedigend.

Nachmittags beten wir gemeinsam den Rosenkranz, manchmal auch die Komplet. Eines Tages stößt eine Freundin von Frau Bleise zu uns. Sie ist innerhalb kürzester Zeit regelrecht vergreist, weil sie die Gräuel, das Leid, das über sie kam, nicht verkraftet hat. Ihr Besitz ist verloren, ihr Mann verhaftet. Mit den arbeitsfähigen Männern ist er abtransportiert worden. Innerhalb einer Woche seien alle zurück, hat es geheißen. Die Angehörigen warten vergeblich. Die Kinder wurden erschossen oder verschleppt. Nur ein kleiner Hund ist der Frau geblieben, nur ein Hund. Den drückt sie an sich, als ein russischer Soldat sie bedrängt. „Entweder den Hund oder das Leben!" Als ob das eine Alternative sei für einen Menschen, der nichts mehr besitzt und lieber tot wäre, weil die Familie nicht mehr existiert.

„Ihr lebt hier ja wie in einer friedlichen Oase", seufzt sie und kann es nicht fassen, dass die Nächte bisher ohne Überfälle verlaufen sind. „Ein Haus dieser Größe und nicht beschlagnahmt? Liegt denn ein besonderer Schutz Gottes über seinen Bewohnern?"

In den Mansarden quartieren sich bald Offiziere unteren Ranges ein. Sie benehmen sich zurückhaltend. Obgleich sie ihre Speisen aus der Offiziersküche beziehen, wirtschaftet in der Küche ein Mannschaftskoch mit seinem Team. Die Distanz zu ihnen tut uns gut. Wenn nur Frau Kroll nicht immer jammerte und die Russen um ein Stück Fleisch für die Kinder anginge. Wie schnell kann aus einer solchen Begegnung ein Konflikt für alle entstehen …

Zwei Jungen bringen einen Topf Milch. Sie haben eine herrenlose Kuh gefangen, das nötige Futter finden sie auf verlassenen Speichern. Ich stelle fest, dass ich mehrere Verwandte der beiden Jungen kenne. Ich gebe den Plan nicht auf, meine Angehörigen zu suchen. Aber wie soll ich ihn in die Tat umsetzen? Vielleicht müssen die Russen zuerst ruhiger werden und sich in der neuen Umgebung einrichten?

„Russen im Haus!"

Wieder gellt der Schrei der drohenden Gefahr voraus. Wir sieben kauern uns eng aneinander. Ich bete: „Maria, breit den Mantel aus …" Die Soldaten rumoren in den Räumen, stehen schließlich musternd vor uns. Einer winkt mir.

„Komm mit!"

„Nein!"

Er packt mich bei den Haaren, versucht mich wegzuschleppen. Ich biete alle Kraft auf und stemme mich gegen die Gewalt.

„Komm mit!"

Der angetrunkene Soldat reißt die Maschinenpistole hoch. Ich weiche keinen Schritt.

Der Russe beginnt zu toben, droht, alle Personen im Haus zu erschießen.

„Nun gehen Sie schon mit!", ruft Frau Kroll. „Er tut Ihnen nichts Unmenschliches an."

Selbst ihre Tochter, die kleine Rosemarie, plappert ihrer Mutter nach: „Gehen Sie mit!"

Der Gewehrlauf senkt sich.

„Beten Sie zur Gottesmutter", sage ich in einer Ruhe und unerklärlichen Sicherheit, die ich nicht deuten kann.

Sogleich beginnt Frau Bleise mehr schreiend als sprechend zu beten: „Unter deinen Schutz und Schirm fliehen wir, heilige Gottesgebärerin …" Ihre alte Mutter fällt sofort laut und weinend ein.

Der Russe tobt. Vielleicht beirren ihn die ungewohnten Stimmen mehr als meine Weigerung. In meiner Verzweiflung blicke ich hilfesuchend zu den zwei anderen Soldaten hinüber. Was kann ich von ihnen schon erwarten, wo sie doch das gleiche Ansinnen haben wie der Soldat vor mir? Einer der beiden reagiert mit einer

Geste des Unwillens. Er packt den wütenden Kameraden bei der Schulter und schiebt ihn energisch zur Tür.

„Jetzt verweigere ich mich auch. Gottvertrauen zahlt sich doch aus", sagt Frau Kroll.

Der 10. Februar ist ein Samstag. Der Offizier, der ins Haus kommt, wundert sich, noch Deutsche vorzufinden. Am Tag zuvor sei der Befehl ergangen, die Stadt zu räumen. Eine Straße im Osten sei für den Abzug der Zivilbevölkerung freigehalten worden.

Wir wissen von nichts.

Wir hoffen gegen jede Vernunft auf Befreiung. Die Alliierten sollen mit dem Vorgehen der Roten Armee nicht ganz einverstanden sein. Gerüchte – eines von vielen, doch dieses erhält durch eine Bemerkung des Offiziers neue Nahrung. Ob eine zweite Front über uns hinweggeht ...?

„Die armen Eltern!" Frau Bleise weiß nicht, wie sie dem Räumungsbefehl Folge leisten soll. Der Vater ist kaum in der Lage, die Füße zu gebrauchen. Er weiß nicht, was los ist und was mit ihm geschieht. Die nötigsten Dinge finden in zwei Koffern Platz. Die Mutter kann sich nicht von lieb gewonnenen Dingen trennen. Alles hat für sie Erinnerungswert. So packt sie zusammen, was für den Exodus unwichtig ist. Die Tochter legt heimlich wieder alles an seinen Platz.

Im Hof steht ein Mistkarren, wie er zur Gartenbestellung gebraucht wird. Frau Bleise polstert ihn mit einem Federkissen aus und setzt den Vater hinein. Besenstiele dienen als Stütze. An einem Griff baumelt der Esskorb, am anderen die Handtasche. Ich will beim Schieben helfen, doch Frau Bleise winkt ab. Die Mutter tippelt nebenher, einen Kissenbezug voller Andenken unter dem Arm.

Ich kümmere mich um das Gepäck. Es besteht aus vier Koffern und einer Segeltuchtasche. Ich trage zwei Koffer ein Stück vor, dann laufe ich zurück und hole die anderen. So mache ich alle Wege zweimal. Wir sind ein kurioser Zug. Die Straßen sind fast menschenleer. Als ich einmal zurückkehre, um die stehen gebliebenen Koffer nachzuschleppen, sind sie fort. Zwei Russen lachen sich ins Fäustchen. Sie haben Bleises ganzen Besitz auf ihren Feldwagen geladen. Winkend fahren sie davon. Der Vater ist das Stillsitzen leid. Eine ungeschickte Bewegung – der Karren kippt um.

Verspätete Flüchtlinge am Ortsausgang. Schweigend ziehen sie mit ihren wenigen Habseligkeiten des Weges. Rosemarie schiebt ihren leeren Puppenwagen von einer Straßenseite zur anderen, sammelt verlorene oder weggeworfene Gegenstände und hält sich nicht an die Anweisungen der Mutter. Wie leicht kann sie verloren gehen. Frau Kroll ist mit den Nerven am Ende.

Auf der Straße nach Heiligelinde kommt uns ein Flüchtlingstreck entgegen. „Fräulein Behrendt, Sie hier? Haben Ihnen die Russen nichts getan?"

Mit weit aufgerissenen Augen steht eine Frau von mir. Ich erkenne sie. Sie gehört zu den Bordelldamen, denen ich in Rhein flüchtig begegnet bin. In Heilsberg wurden sie von der Front überrannt. Jetzt sind sie auf dem Heimweg. Heim? Wohin?

Vor der Stadt verdichtet sich der Strom der Flüchtlinge. Die Kolonne ist unübersehbar. Berittene Russen sprengen in die Menge, traktieren die Menschen mit der Peitsche, wo es nach ihrer Meinung nicht zügig vorangeht, oder spucken sie an. Die Alten brechen vor Erschöpfung zusammen. Sie hocken sich an den Rand der alten Heerstraße, übermüdet schlafen sie ein. – Ein barmherziger Tod in der Kälte.

Ich sehe Leichen, über der Schneedecke verstreut. Soldaten, Zivilisten. Die Spuren der letzten Kampftage sind nicht getilgt. Das Bild eines toten Soldaten prägt sich mir ein: über der Stirn verläuft die frische Wunde der Einschüsse wie eine schwarzblaue Perlenkette. Zwischen dem Bauernhof und dem nahen Wäldchen links von der Straße hat eine ganze Familie den Tod gefunden. Sie erstarrte in der Feuergarbe des Maschinengewehrs und sank in den Schnee. Eine Gruppe johlender Russen marschiert vorüber, kichernde deutsche Mädchen im Arm.

Vater Bleise fällt abermals aus dem Karren. Ein Bild des Jammers. Neben ihm im Schnee liegt in silbernem Rahmen das Bild eines mit Kriegsauszeichnungen und Hakenkreuz dekorierten Offiziers.

„Wenn die Russen das Foto sehen, werden wir alle erschossen!"

„Es ist doch mein Bruder, das einzige Andenken, das mir an meine Geschwister geblieben ist."

„Trotzdem!"

Frau Bleise löst das Bild aus dem Rahmen.

Schweigend ziehen die Menschen an unserem umgestürzten Karren vorüber. Eine alte Frau spricht mich an: „Ist das dein Großvater?"

„Nein, das nicht. Aber die Leute haben mich freundlich bei sich aufgenommen."

„Wie kannst du noch so fröhlich sein. Haben dir die Russen nichts angetan?"

„Nein. Gott hat es nicht zugelassen."

„Gott …" Die Alte beginnt zu weinen.

„Noch kann ich es nicht begraben. Es lebt noch.“ Wir setzen unseren Weg Seite an Seite fort.

„Wen meinen Sie?“

„Wir sind Volksdeutsche und seit August heimatlos. Wir wussten nicht wohin, lebten auf der Straße. Die Front ging über uns hinweg. Nun sind alle tot, nur ich bin übrig geblieben – und das Kind.“

„Welches Kind?“

„Es ist von meiner Tochter. Die Russen sind schlecht mit ihr umgegangen, und dann haben sie sie erschossen. Das Kind aber lebt. Lebt noch. Es hat schon ein paar Tage nichts mehr gegessen. Ich kann es noch nicht begraben.“

Die alte Frau räumt mit zitternden Händen einen Berg voller Armseligkeiten vom Kinderwagen. Kissen, einen Kochtopf, Blechbecher, Hausgerät. Da höre ich ein Stimmchen, fern und schwach. Das kleine Gesicht ist bleich wie der Schnee, Eiter verklebt die Augen. Es ist noch nicht zwei Jahre alt.

„Wer hat Schuld an unserem Unglück?“, fragt die alte Frau leise. „Schuld? Vielleicht wir selbst. Jedenfalls Gott nicht. Gott ist gut.“

„Gott? Er hat es geschehen lassen.“

„Er hat es geschehen lassen, gewiss. Doch vielleicht nur zu unserem Heil. Damit wir wach werden. Wir sind ihm zu weit schon davongelaufen.“

„Ja, unsere Sünden …“ Die alte Frau weint still in sich hinein …

Wir kommen in ein Dorf. Ich erkunde eine Möglichkeit zur Rast. Unmöglich. Die russischen Soldaten drängen. Immer mehr Flüchtlinge stoßen zum Treck. Ein Junge kommt, grüßt verhalten: „Heil Hitler!“

„Bist du still, Bengel, du bringst uns alle ins Grab!“

„Guten Tag, Junge. Was machst du denn hier“, erwidere ich seinen verfehlten Gruß.

Eine Frau tritt hinzu. „Ich freue mich, Sie kennenzulernen. Mein Junge hat mir viel von Ihnen erzählt. Dass es so hat kommen müssen ... Die meisten Ihrer Kinder werden Sie wohl nie wiedersehen. Was soll aus uns werden?“

Ich kann mich nicht an den Jungen erinnern. Er wird in Langenwiese Herrn Mayers Klasse besucht haben. Jedoch er ist hilfsbereit. Er zeigt auf die Mistkarre. „Ich werde Ihnen ein weiteres Gefährt besorgen. Die Koffer sind zu schwer für Sie.“

Tatsächlich stöbert er auf einem verlassenen Hof einen Karren auf und bepackt ihn mit unseren Sachen.

Heiligeline ist ein bekannter Marienwallfahrtsort. Wir erreichen ihn am frühen Abend. Die Besatzung hat einige Häuser reserviert, in denen die Vertriebenen übernachten sollen. Doch zunächst muss Ordnung gemacht werden. Meterhoch liegen die Trümmer, die Spuren grausamer Gewalttätigkeit sind unübersehbar. Anpacken, aufräumen! Als die Nacht hereinbricht, sind die Räume so weit hergerichtet, dass man sie ohne Ekel betreten kann.

Unter Möbeltrümmern entdecke ich ein zerbrochenes Weckglas mit drei Stück Fleisch.

„Essen Sie das nicht", warnt Frau Bleise. „Der Magen verträgt kein Fett mehr. Sie werden krank."

Ich habe seit dem frühen Morgen nichts mehr zu mir genommen und verdrücke die drei fetten Schweinerippen. Der Magen revoltiert nicht. Ich wickle mich in mein wattiertes Plüschcape. Wie gut, dass ich meine warmen Sachen mitgenommen habe …

Die Nacht zum Sonntag will nicht enden. Der Frost weckt uns, kaum dass wir die Augen geschlossen haben. Die Kälte kriecht den Körper empor. In der Frühe befehlen die Soldaten die Frauen zum Kirchplatz. Die deutsche Wehrmacht hat Waffen und Munition zurückgelassen, die wir sortieren sollen. Wir schleppen Granaten, Panzerfäuste, Gewehrmunition zusammen. Die Russen halten sich in sicherer Entfernung. Ich weiß, wie leicht eine Handgranate, die möglicherweise irgendwo angebunden ist, losgeht. Vor mir liegt das Portal der Kirche. Ich möchte hineingehen. Doch der Eintritt wird verwehrt.

Schließlich ist die schwere Arbeit beendet. Die Frauen dürfen die Quartiere aufsuchen. Ich bin das einzige Mädchen in der Gruppe. Ein Russe vertritt mir den Weg.

Ich tue, als bemerke ich ihn nicht. Da brüllt er los. Ich nehme alle Kraft zusammen und versuche, ruhig zu bleiben. „Maria, breit den Mantel aus …“ Der Soldat betrachtet mich, während ich mit gesenktem Kopf vor ihm stehe. Dann deutet er auf Mund und Ohren. Ah, er glaubt, dass ich taubstumm bin! Er scharrt verlegen mit dem Fuß im Schutt, wo ein paar verchromte Untersätze aus dem Gaststättengewerbe sichtbar werden. Er bedeutet mir, den Fund ins Gasthaus zu tragen. Im Nu bin ich wieder draußen. Später stellt sich heraus, dass es der Kommandant gewesen sein muss.

Die Häuser neben der Wallfahrtskirche, wo sich die Kommandantur befindet, müssen geräumt werden. Man erwartet Truppenverstärkung. Ist der Krieg denn noch nicht vorbei? Dem Kanonendonner nach ist die Front nicht allzu weit entfernt. In den Häusern hinter der Kirche gibt es mehr Platz. Umzug. Ein paar Dorfbewohnerinnen helfen mit, vor allem Herrn Bleise zu transportieren. Unterwegs erzählen sie, was ihnen passiert ist.

Die wenigen noch arbeitsfähigen Männer sind längst abtransportiert. Nun warten die Frauen auf ihr Schicksal. Sie sollen den Viehtransport nach Russland begleiten. Man warte nur auf besseres Wetter. Die Russen wollten sich sogar an einem dreizehnjährigen Mädchen vergreifen. Ihr Vater stellte sich schützend vor sie. Er zahlte seinen Mut mit dem Leben. Im Kloster seien noch einige Patres und Ordensschwestern. Auch sie wurden misshandelt.

Der Zustand von Herrn Bleise ist schlecht. Seine Tochter bittet, seinetwegen in Heiligelinde bleiben zu dürfen. Das sei möglich, aber sie müsse umziehen – auf die andere Seite der Kommandantur. Wieder ein Standortwechsel. Zwei Russen helfen, Herrn Bleise die Treppe in den ersten Stock eines überfüllten Hauses hinaufzutragen. Frau Kroll kann es nicht lassen, den Soldaten vorzujammern, wie ihre Kinder Hunger litten. Einer bringt nach einer Weile Brotreste und einen Schweinskopf.

Unter den weiblichen sowjetischen Soldaten fällt uns ein ungewöhnlich hübsches hellblondes Mädchen auf. Auf den Schulterstücken der tadellos gepflegten Uniform blinken Offizierssterne. Jedermann scheint die junge Frau zu achten. Sie erinnert mich an Baschka, eine Zwangsarbeiterin, die die Seele einer Fremdarbeiterinnengruppe gewesen ist, die ich bei meiner Ankunft in Langenwiese in einem Raum der Schule einquartiert gefunden hatte. Tagsüber musste sie mit ihren Gefährtinnen den Männern der Organisation Todt zur Hand gehen und schwere Erdarbeiten für den Befestigungsbau verrichten. Trotz primitiver Verhältnisse und widriger Umstände behielt sie ihre liebeswürdige, vornehme Art und ihren Frohsinn. Abends lud sie mich manchmal zu Heimatliedern und Volkstänzen ein. Baschkas strahlend frohe Augen und ihr bezwingendes Lächeln stehen mir jetzt wieder vor Augen …

Frau Kroll kommt mit einer unangenehmen Nachricht ins Haus. Der Kommandant habe angeordnet, dass sie und „das junge Mädchen" – damit war ich gemeint – um zwei Uhr zum Zimmerputzen ins Gasthaus kommen sollen. Ich spüre mein Herz wild schlagen. Wenn ich nicht hinginge, würde die Verweigerung üble Folgen haben.

Wann ist zwei Uhr?

Niemand von uns besitzt mehr eine Uhr. Die Zeit muss nach der Sonne geschätzt werden.

Mit Frau Kroll betrete ich die Halle des Pilgergasthauses. Der Offizier scheint uns erwartet zu haben. Er lädt meine Begleiterin ein, ihm die Treppe hinauf zu folgen. Von mir nimmt er keine Notiz, mich überlässt er der Aufsicht eines grinsenden Kirgisen. Wieder bete ich: „Maria, breit den Mantel aus!" Ich gebe keinem Gedanken Raum, der das Bewusstsein der Gegenwart Gottes trüben könnte …

Der Kirgise geht ein paarmal auf und ab, dann versucht er, sich mir zu nähern. Bestimmt, aber ruhig weise ich ihn zurück. Er grinst gutmütig. Die Tür nach draußen ist nur angelehnt. Ich versuche, unbemerkt zum Ausgang zu gelangen. Aber der Kirgise vertritt mir den Weg. Einladend breitet er seine Arme aus. Das speckige Wattewams ekelt mich.

Rechts von der Halle führt eine Tür in einen dunklen Raum. Der Kirgise bedeutet mir, einzutreten. Ich übersehe seine Einladung, kehre ihm den Rücken zu und schaue zum Fenster hinaus. Er stellt einen Stuhl neben mich und weist mir den Platz zu.

Was geschieht mit Frau Kroll? Ich empfehle sie dem Schutz der himmlischen Mutter. Die Minuten dehnen sich zu Stunden.

Irmgard Behrendt als Abiturientin.

Der Kirgise legt ein Bilderbuch vor mich auf die Fensterbank und blättert darin. Scheinbar interessiert schaue ich hinein. Er zieht einen Bleistift aus der Tasche und schreibt an den Rand: 15, 20. Offenbar will er wissen, wie alt ich bin. Ich tue, als verstände ich ihn nicht. Wieder suche ich den Ausgang zu erreichen. Der Kirgise fängt mich ab.

Nun beschäftigt ihn ein neuer Gedanke: Er spreizt die Finger einer Hand und zupft an ihnen mit der anderen. Er möchte wissen, ob ich melken kann. Die Russen suchen Frauen für die Versorgung der Viehherden ...

Die Zeit scheint eingefroren zu sein. Wie lange harre ich aus? Wie lange noch kann ich den Kirgisen von mir fernhalten?

Vor dem Gasthaus sammeln sich Menschen. Ein Aufgebot alter Männer und Frauen. Es sieht aus wie eine Protestversammlung. Der Kommandant kommt hastig die Treppe herunter. Er ist allein. Die Hand auf der Pistolentasche, begibt er sich auf die Freitreppe. Das Volk hat sich zusammengeschart, um gegen die unmenschlichen Schikanen zu protestieren. Ich taste mich schrittweise dem Ausgang zu. Der Kirgise steht steifbeinig da und lacht. Er hindert mich nicht, als ich an dem Offizier im blauen Russenkittel vorbeischlüpfe.

„Was haben Sie nur stundenlang dort getan?" Frau Bleise war in Sorge um mich.

„Es wäre mir lieb, wenn ich nicht länger mit Frau Kroll zusammenbleiben müsste."

„Wohin wollen Sie denn?"

„Vielleicht zu den Schwestern im Kloster – falls ich ihnen nicht lästig falle."

Frau Bleise scheint beleidigt. „Sie können natürlich gehen. Aber meinen Sie wirklich, im Kloster besser aufgehoben zu sein?"

Frau Kroll erzählt, dass der Offizier sie in seinem Zimmer zum Tee eingeladen habe und sie beide sich gut unterhalten hätten. Mehr sei nicht vorgefallen. Als er abgerufen wurde, hat er sie freilich zur Hintertür hinausgelassen … Ihr Klagelied scheint auch hier Erfolg gehabt zu haben, denn sie zeigt Bratklöpse und Weißbrot, die sie für die Kinder erhalten hat.

„Um sechs soll ich wiederkommen — und Sie ebenfalls!"

Ich spüre die Knie weich werden.

„Um sechs – ich?"

„Ja, Sie!"

„Ich gehe nicht hin."

„Dann gehe ich auch nicht", trotzt Frau Kroll.

„Bevor der Tag zur Neige geht,
Dich, Weltenschöpfer, bitten wir,
in Deiner Güte wollest Du
die Wacht uns halten für und für.
Gib, dass kein böser Traum uns naht,
kein nächtlich' Wahnbild uns erschreckt,
und schlage unsern Feind in Bann,
dass unser Leib sich nicht befleckt …"

Die Nacht sinkt über die Welt, die vor Kälte und Herzlosigkeit erstarrt. Heiligelinde – wie geächtet kommt mir das Dorf vor, abgeschnitten von den Lebensadern der Erde, auf sich selbst gestellt, abhängig von der Willkür der russischen Besatzung. Die Einheimischen und die ungezählten Flüchtlinge drängen sich in den wenigen freigegebenen Häusern zusammen, oft ist auf dem Fußboden kein Platz, um die Beine auszustrecken. Wieder einmal richtig schlafen zu können – welcher Segen wäre das!

Ich bete die Komplet meist allein. In dem Durcheinander, das um uns herrscht, ist es kaum möglich, eine kleine Gebetsrunde zu bilden. Ich bin gerade mitten in einer abendlichen Betrachtung, da geht eine Welle der Unruhe durch das Gebäude.

„Die Russen halten Hausdurchsuchung im Dorf! Einige sind bereits unten im Gebäude."

Ich lege mich dicht an den großen Kachelofen. Hier schlafen die Kinder. In ihrer Nähe hoffe ich, nicht gleich aufzufallen.

„Maria, breit den Mantel aus ..."

Drei, vier Russen stehen im Raum. Der Kommandant hat Weisung gegeben, die Häuser, die oberhalb des Gasthauses gelegen sind, zu durchsuchen. Dort hielten sich eine Frau, die nachmittags beim Kommandanten gewesen ist, sowie ein junges Mädchen verborgen. Beide sollen unverzüglich vorgeführt werden.

Die Soldaten steigen über die am Boden liegenden Flüchtlinge hinweg. Eine Taschenlampe blitzt auf, leuchtet in die Gesichter.

„Hier sind nur alte Weiber und Kinder!", sagt jemand von den Flüchtlingen. Die Russen murren, ziehen unverrichteter Dinge ab. Die Stiefel poltern über die Stiege.

Wo sich Frau Kroll wohl versteckt hat?

Der Räumungsbefehl erschrickt das Dorf. Alle müssen mit, bis auf die Viehwärter. Und die Alten und Kranken, die nicht transportfähig sind? Auch sie müssen mit – es gibt kein Erbarmen!

Unsere Mistkarren sind weg. Womit sollen wir die Koffer transportieren? Wo hinein den alten Herrn Bleise setzen?

Die Tochter treibt einen Bauernschlitten auf.

In Fischbach wohnen entfernte Verwandte von ihr. Wenn sie mit den Eltern dorthin gehen dürfte?

Nein, es geht nur nach Osten! Die Straße Richtung Osten ist frei für den Treck. Aber ein Junge, der die Viehherden bewacht, kann den Vater bis Peitschendorf fahren. Es ist das einzige Zugeständnis, das die Russen machen. Ich packe meine Sachen um, trenne mich von Büchern, von Nietzsches Zarathustra, von Kleidung, die auch Frau Bleise passt.

Der Junge drängt zum Aufbruch.

Herr Bleise ist so schwach, dass er sich nicht mehr auf den Beinen halten kann. Selbst im Schlitten muss seine Tochter ihn stützen. „Auf Wiedersehen in Rußland!", höhnen die Soldaten.

Wir ziehen über zerstörtes, von Panzerfahrzeugen zerpflügtes Land. Deutsche Erde. Heimat. Ob wir sie je wiedersehen? Wohin gehen wir? Wohin wird man uns verfrachten? Marschieren wir tatsächlich in Richtung Russland?

Frau Bleises Mutter kann kaum noch gehen. Mühsam quält sie sich vorwärts. Die Verschnaufpausen werden länger. Die Ordensschwestern überholen uns. Sie tragen noch ihre Tracht und ziehen einen voll bepackten Handwagen.

„Dort ist ein Gehöft. Vielleicht dürfen wir ein paar Minuten rasten."

Nein, es hat keinen Sinn. In den Höfen ringsum haben sich Polen eingenistet. Sie gelten als böswilliger und fanatischer als die Russen.

Peitschendorf. Vor dem ersten Haus steht Frau Bleise und erwartet uns. Flüchtlinge sind dabei, die Räume zu reinigen. Ein Zimmer im Erdgeschoss ist bewohnbar. Sogar ein Bettgestell für Herrn Bleise ist da.

Peitschendorf. Das Dorf galt bis zu unserer Ankunft als ausgestorben. Fürchterliche Dinge, die man nicht beschreiben kann, waren hier geschehen. Wir würden die Gerüchte nicht glauben, wären die grauenhaften Spuren nicht noch immer sichtbar …

Es ist Mittag. Jeder, der noch etwas Essbares besitzt, zieht es aus seinem Gepäck hervor.

„Hast du nichts?“, fragt eine lebhafte Fünfzigjährige.

„Nein.“

Ich sage ihr nicht, dass ich in einem ausgeraubten Laden mit den Fingernägeln einen Klecks Marmelade aus einer leeren Tonne gekratzt habe.

„Wenn man noch so jung ist, hat man Hunger“, lächelt die Frau. Sie schneidet eine ordentliche Scheibe von ihrem Schwarzbrot. Ihre Nachbarin schenkt mir ein Stück Speck.

„Wir hatten ein Häuschen am Stadtrand von Rößel, erzählt die lebhafte Fünfzigjährige. „An jenem unglücklichen Sonntag rollten Panzer übers Feld direkt auf uns zu. Dahinter kam die Infanterie. Ich hielt sie für deutsche Soldaten in Winteruniform und lief ihnen winkend entgegen. Beim Näherkommen sah ich, dass es Russen waren. Was blieb mir anders übrig, als gute Miene zum bösen Spiel zu machen. Geistesgegenwärtig lud ich alle in die gute Stube zum Kaffee ein. Die Soldaten hatten kaum Platz genommen, da riss eine Granate das halbe Häuschen mit der Küche weg.“

„O Gott! Was dann?“

„Ich erklärte den kreidebleichen und schlotternden Soldaten, dass ich jetzt beim besten Willen keinen Kaffee mehr kochen könne …“

Eine andere Flüchtlingsfrau, sie war etwa fünfundzwanzig Jahre alt und trug das jüngste ihrer drei Kinder an der Brust, weiß nicht mehr aus noch ein. Sie ist während eines Besuches bei Verwandten von der sowjetischen Armee überrascht worden. Nun lebt sie allein unter Fremden in banger Sorge, was aus ihren Kleinen und ihr werden wird. Die junge Mutter fühlt sich todelend, die Ruhr beginnt sich auszubreiten, und wir befürchten, dass sie den Keim der Krankheit bereits in sich trägt.

Immer wieder fragt sie: „Was wird aus meinen Kindern, wenn ich sterbe?"

Ich getraue mich nicht, ihr meine Hilfe anzubieten, denn ich muss Frau Bleise bei der Versorgung ihrer alten Eltern zur Hand gehen. Herr Bleise ist schon vom Tod gezeichnet. Wie viele Tage wird er noch leben? Es ist kaum mehr möglich, ihm einen Teelöffel Wasser einzuflößen. Seitdem die Russen den folgenden Tag zum Weitermarsch bestimmt haben, weint Frau Bleise vor sich hin. Wohin soll sie mit dem sterbenden Vater und der immer schwächer werdenden Mutter? Alle Anzeichen deuten darauf hin, dass wir auf dem Weg in die Gefangenschaft sind. Immer wieder werden wir gezählt, gemustert, registriert. Die Soldaten haben schließlich ein Einsehen und gestatten Frau Bleise und ihrer Mutter, in Peitschendorf zu bleiben, bis der Vater gestorben ist …

Der kalte Nachtwind pfeift durch die notdürftig verstopften Fenster. Es ist kein Platz, um sich auszuruhen. Allenfalls kann man sich in eine Ecke hocken, aber in dieser Haltung werden die Glieder bald steif. Frau Bleise sitzt zu Füßen ihres Vaters auf dem Bett. Zuweilen bietet sie mir diesen Platz an. Es ist zwar kein Ort, um zu schlafen, aber man friert nicht so.

Morgen werden wir uns trennen müssen …

Die lebhafte Fünfzigjährige lädt alle zum gemeinsamen Rosenkranz ein. Sie betet vor. Jedem Gesätz fügt sie eine uns nicht bekannte Anrufung an: „O Jesus, verzeih uns unsere Sünden. Bewahre uns vor dem Feuer der Hölle. Nimm alle Seelen in den Himmel auf, besonders jene, die deiner Hilfe am meisten bedürfen …"

Fatima … Es ist das zweite Mal, dass mir der portugiesische Wallfahrtsort näher rückt. Während eines Gottesdienstes, den Pfarrer Graw in Lötzen für die Maiden vom Reichsarbeitsdienst feierte, erfuhr ich zum ersten Mal von den Erscheinungen der Gottesmutter und der Botschaft an die drei Hirtenkinder.

Morgen werden wir uns trennen müssen …

Lieber Gott, was soll ich tun? Mich den Gefahren weiterhin aussetzen? Mit der jungen Mutter und ihren Kindern sowie den vielen Landsleuten weiter in Richtung Osten in eine ungewisse Zukunft ziehen? Oder davonlaufen? Wie? Und wohin?

Die russische Front ist nah, die Landschaft fremd, verschneit, vereist.

Halb wachend, halb schlafend verbringe ich die Nacht. „Mutter, Jungfrau von Fatima, lass mich erkennen, was ich tun muss. Schick mir ein Zeichen! Aber lass mich keine Sünde begehen."

Im Morgengrauen werde ich gerufen. „Es sind Leute gekommen, die Sie sprechen möchten."

Mich? Wer soll mich hier kennen? Es muss ein Irrtum sein.

Drei Frauen stehen vor dem Haus. Sie haben in der Nähe übernachtet. Dort war ihnen zu Ohren gekommen, dass ein junges Mädchen fliehen wollte. Ob wir es nicht gemeinsam wagen sollten?

„Man muss das Dorf verlassen, ehe die Russen aufwachen."

Die Flüchtlinge im ersten Stock haben einen Brei gekocht. In einer Schublade des Krämerladens befand sich ein Rest Grütze. Sie rufen mich hinauf. Jemand reicht mir einen Löffel.

„Essen Sie getrost aus der Schüssel."

Eine Frau schneidet drei Scheiben Dauerwurst in den Brei. „Wer weiß, wann Sie wieder etwas zu essen bekommen."

Die Wurst weise ich zurück. Es ist Aschermittwoch.

Wir brechen auf. Es ist ein spontaner Entschluss, der uns antreibt, ohne Plan, ohne Konzept. Nur weg von hier, das ist der Gedanke, der uns beflügelt. An den Chausseebäumen stecken noch die gelben Fähnchen. Glatteisgefahr! Über den deutschen Verkehrszeichen sind Tafeln in kyrillischer Schrift angebracht. Die Heimat erhält allmählich ein fremdes Gesicht …

Wir biegen von der Straße in einen Feldweg ein, der nach einigen Windungen fast parallel zu ihr verläuft. Welche Richtung sollen wir einhalten? Die schon etwas ältere, aber rüstige Großbäuerin will sich mit Tochter und Schwiegertochter in ihre masurische Heimat durchschlagen. Sie ziehen einen Rodelschlitten, der mit der ihnen verbliebenen Habe bepackt ist. Den Flüchtlingswagen haben die Russen umgekippt und ausgeraubt. Mit den Pferden verschwanden die Soldaten auf Nimmerwiedersehen.

Inzwischen hat Tauwetter eingesetzt. Bei jedem Schritt versinken die Füße im aufgeweichten Schnee. Mutters filzgefütterte Gummistiefel sind meine Rettung.

Der Weg führt durch eine hügelige Moränenlandschaft. Von den Anhöhen reicht der Blick weit über das Land. In der Ferne bewegt sich langsam der schwarze Zug der Flüchtlinge auf der Straße nach Osten. Lastwagenkolonnen fahren hin und her. Am Horizont steigen Flugzeuge auf. Schüsse fallen. Gelten sie uns?

In gebückter Haltung schleichen wir auf ein Gestrüpp zu. Stille. Am Boden kauernd hoffen wir, außer Sichtweite zu sein. Da, ein russischer Soldat galoppiert vorbei. Er stockt, sieht uns an, gibt dem Pferd die Sporen und reitet vorüber.

Die Sonne steht hoch am Himmel. Die Bäuerin schlägt eine Rast vor. Ein duftender Honigkuchen macht Appetit. Ob ich auch ein Stück wolle? Ich lehne dankend ab. Ich möchte niemandem zur Last fallen.

Wir gehen weiter. Schweigend. Stunde um Stunde. In einem Hohlweg begegnen wir einer Gruppe junger Mädchen, begleitet von zwei halbwüchsigen Burschen.

„Wohin wir gehen? Fahrkarten nach Russland besorgen!", antworten sie lachend auf unsere Frage nach ihrem Ziel.

Die Bevölkerung ist aufgefordert worden, sich auf der russischen Kommandantur registrieren zu lassen. Jeder weiß, was das bedeutet. Sie hatten sich versteckt und waren vor Angst fast verrückt geworden. Das Leben war unter diesem Druck so nicht mehr auszuhalten. Also mit den Wölfen heulen?

Später, im September, auf einem Bahntransport, traf ich einige von ihnen wieder. Sie kamen aus den Bergwerken des Urals zurück mit kahl geschorenen Köpfen und erloschenen Augen …

Baeslack.

Die jungen Leute haben versichert, hier gebe es keine Russen. Wir haben die Hälfte des wie verwaist daliegenden Dorfes durchquert, als wir endlich einen Menschen sehen: Ein alter Mann geht suchend durch die Trümmer.

„Wohnt hier denn sonst niemand?"

„Gehen Sie nur zum Gemeindehaus", sagt der Alte mürrisch. „Dorthin haben sich alle geflüchtet."

Der ehemalige Festsaal des evangelischen Gemeindehauses ist voller Menschen. Warme, verbrauchte Luft schlägt uns entgegen, vermischt mit Verwesungsgeruch. Auf Betten und zusammengeschobenen Holzbänken liegen Menschen, weinende Kinder und keifende Frauen.

Ich stolpere. Eine am Boden liegende und in Lumpen gehüllte Greisin hat mit dem Krückstock nach meinem Bein gehakt. Niemand, so klagt sie, höre auf sie, wenn sie eine Bitte ausspreche, niemand kümmere sich um sie.

Das Dorf hat unter der sowjetischen Armee schwer gelitten. Es gab keine Gefangenen. Die deutschen Soldaten, die den Russen lebend in die Hände fielen, wurden bestialisch ermordet. Die Besatzer sperrten Frauen und Kinder in diesen Saal. Sie mussten sich in Reihen an der Wand aufstellen. Der Lauf eines Maschinengewehrs wurde auf die wimmernden und schreienden Menschen gerichtet. Dann hieß es, die Waffe habe Ladehemmung. Die Teile wurden auseinandergeschraubt und wieder zusammengebaut. Dann brachten sie das Maschinengewehr erneut in Stellung.

Ein schlechter Scherz. Sie wiederholten ihn mehrmals, spielten mit der Todesangst der Menschen und hatten ihr Vergnügen daran.

„Gehen Sie, wir können Sie vor den Russen nicht verstecken", warnt uns jemand. „Sie brauchen noch Viehtreiber nach Russland – wenn sie Sie nicht vorher zugrunde richten."

In einem Winkel rechts von der Tür zur Küche steht ein Feldbett. Niemand scheint sich um den blassen jungen Menschen zu kümmern. Er liegt unter einer alten Pferdedecke.

„Bist du immer allein? Hast du denn keine Eltern mehr?"

Große Augen sehen mich an.

„Ich bin deutscher Soldat."

„Du bist doch höchstens fünfzehn Jahre alt."

Er lächelt matt. „Als ich zum Heeresdienst eingezogen wurde, hatte ich meine Handwerkslehre hinter mir."

An der Wand hängen eine kurze Manchesterhose und eine Kinderjacke.

„Das ist nur, um die Russen irrezuführen."

Bei den Abwehrkämpfen vor dem Dorf traf ihn ein Granatsplitter ins Bein. Mit letzter Kraft schleppte er sich in eine Scheune, versteckte sich im Stroh. Gottlob befand sich hier noch eine Kuh. Drei Tage wärmte und nährte sie ihn, bis die Deutschen ihn fanden. Doch die Beine waren ihm in der eisigen Kälte erfroren.

„Sobald ich wieder gehen kann, schlage ich mich zu den deutschen Linien durch. Vor dem, was ich hier erlebt habe, soll meine schlesische Heimat verschont bleiben."

Eine Frau bringt dem jungen Soldaten einen Teller Kartoffelsuppe und eine Schnitte Brot mit gebratenem Speck. Er hat keinen Hunger. Er drängt mich, seine Mahlzeit zu essen.

Schwester Christine, die evangelische Gemeindeschwester, kehrt am Nachmittag von einem Krankenbesuch zurück. Sie trägt einen braungrünen Lodenmantel sowie eine Wollkappe und über die Schultern gehängt die Medikamententasche. Die Russen, erzählen die Leute, lassen sie passieren. Schwester Christine ist zwischen dreißig und vierzig Jahre alt.

Sie hebt die Decke vom Bett des jungen Soldaten. Ein ekelhafter Geruch schlägt mir in die Nase. Vorsichtig löst sie die Verbände. Die Beine sind bis zu den Knien schwarz-blau. Der Junge verwest bei lebendigem Leib. Es ist eine Frage von Tagen, bis die Blutvergiftung den ganzen Körper überschwemmt hat …

Russen! Wieder der unheilvolle Ruf. Ein Lastauto hält vor dem Haus. Die Soldaten schauen in den Saal, dann laden sie die Milch auf, die von den erbeuteten Viehherden stammt, und fahren davon.

Gegen Abend trifft ein Flüchtlingspaar ein: Ein alter Bauer mit seiner Frau aus einem Dorf zwischen Langenwiese und Rhein. Ihr kleines Gefährt, das von zwei alten Pferden gezogen wird, haben sie draußen untergestellt. Morgen früh wollen sie weiter. Wenn alles klappt, kommen sie durch Langenwiese. Ob ich mich ihnen anschließen kann? Kein Problem. Vielleicht lebt die Familie Groß noch dort?

Abendessen. Auch die Fremden werden dazu eingeladen. Sie bekommen einen Napf Milch mit eingebrocktem Brot. Anschließend bereiten die Dorfbewohner ihr

Nachtlager. Fünfzig bis sechzig Menschen in einem Saal. Sie bieten mir einen Schemel an. Ich werde im Sitzen schlafen, indem ich die Arme auf den Tisch lege, der aus an der Wand entlang angebrachten Brettern besteht, und den Kopf auf sie bette.

Seit Langem habe ich nicht mehr so bequem und so fest geschlafen …

Wir sind früh auf den Beinen. Jeder erhält eine dicke Scheibe Bauernbrot mit Leberwurst bestrichen und mit Speckwürfeln aus einer Konservendose darauf. Derweil hat der Bauer die Pferde angespannt. Um die Tiere nicht zu schinden, laden wir nur das Gepäck auf den Wagen und gehen zu Fuß neben dem Gefährt. Es sind zwei alte Klepper, die den Karren ziehen. Der Landwirt hat sie irgendwo eingefangen, nachdem seine eigenen Pferde von den Russen requiriert worden sind. Der Weg ist in schlechtem Zustand. Das Tauwetter macht uns zu schaffen. Aber die Russen werden mit ihren Lastautos hier nicht mehr fahren können.

Ein weißhaariger Bauer spricht uns an. Er geht gebückt. Sein Rücken ist rund wie ein Fragezeichen.

„Woher kommt ihr? Wohin wollt ihr?"

Wir sind in Wilkendorf.

„So kann es nicht länger weitergehen. Weshalb greift der Herrgott nicht ein? Selbst die Mütter werden verschleppt. Gestern nahmen sie eine mit, die vor drei Tagen ihr Kind geboren hat. Ihre Brüste trieften vor Milch ..."

Die Pferde geben das Tempo vor. Gemächlich trotten sie dahin. Der Weg wird mühsamer. Der Schneematsch macht uns Mühe. Der junge Soldat mit den erfrorenen Beinen geht mir nicht aus dem Sinn. Ich umklammere Herrn Bleises Rosenkranz. Kopfweh plagt mich. Ich kann kaum die Augen aufhalten. Die Erschöpfung treibt mir kalten Schweiß aus den Poren. Mir ist schlecht. Ob sich so die Menschen gefühlt haben, die nicht mehr weiter konnten und am Wegrand erfroren sind?

Die Bauersleute nötigten mich, auf dem Wagen Platz zu nehmen. Wir begegnen Russen. Sie lassen uns unbehelligt ziehen, nachdem sie gemerkt haben, dass ich krank bin.

Wachau. Jetzt setzt sich die Bäuerin auf meinen Platz. Der Gutshof mit den lang gestreckten Insthäusern kommt in Sicht. Zunächst ist niemand zu sehen. Doch bei den letzten Häusern des Dorfes laufen uns Kinder entgegen. „Heil Hitler! Kommen Sie wieder zu uns in die Schule, Fräulein?"

„Loni, Herbert, Irma, guten Tag!"

Frau Langanke steht hinter dem Bretterzaun. Die Kinder und sie haben mich, die Schulhelferin, trotz der Winterkluft sofort erkannt.

„Bleiben Sie nur ein paar Tage bei uns. In Langenwiese ist der Teufel los. Die Russen haben Ihre Schule in die Luft gesprengt, weil sie Waffen und Nazibilder gefunden haben. Der Bauer Groß ist mit seiner Familie geflüchtet. Nachbarn versorgen jetzt das Vieh auf dem Hof."

Tante Marie und die Großmutter finden sich ein. „Zunächst müssen Sie einmal ausruhen. Dann wird sich alles geben."

Wir treten durch eine grob gezimmerte Tür in das Innere des alten Lehmhauses. Es ist durch rohe Bretterwände unterteilt. Sie bieten mir einen Teller voll Kartoffeln und ein Stück Fleisch an. Der alte Herr Schütz hat ein halbes Kalb vom Gutshof mitgebracht und nachbarschaftlich geteilt. Ich esse, aber die Übelkeit nimmt zu. Tante Marie entscheidet energisch, ich solle zu Bett gehen und mich mal richtig ausschlafen.

Die Familie verbringt die Nächte auf der linken Seite des Hauses. Rechts haben bis vor wenigen Tagen die Russen mit ihren Frauen gehaust. Inzwischen sind sie weitergezogen, die Räume wurden gereinigt, aber niemand möchte dort schlafen. In der hintersten Stube soll ich ein Bett bekommen – wenn ich mich nicht fürchte.

Karl hat im Strohschober ein Radio versteckt. Heimlich hört er den Deutschlandsender. Propagandaminister Dr. Goebbels soll in einer Rundfunkansprache recht zuversichtlich gewesen sein und zum Durchhalten aufgefordert haben. Es habe den Anschein, als ob die Engländer sich gegen die Sowjets wenden wollten. Sollte es möglich sein, dass die Reste des christlichen Abendlandes sich gegen die rote Gefahr aus dem Osten mobilisieren ...?

Ein frisch bezogenes Bett! Ein Gefühl der Dankbarkeit und Freude überkommt mich. Es ist stärker als das körperliche Elend. Doch schlafen kann ich nicht. Trotz der dicken Federbetten quält mich der Schüttelfrost. Das Fieber lässt mich keinen klaren Gedanken fassen. Frau Langanke bringt mir eine Tasse heiße Milch ...

Am nächsten Morgen finde ich mich trotz des Fiebers am Kaffeetisch ein. Ich sitze zwischen den Jungen und Mädchen auf der Bank, mache das Kreuzzeichen und ernte die erstaunten Blicke der Kinder. Herta ist dreizehn Jahre alt, Herrn Mayers begabteste Schülerin. Wären die politischen Verhältnisse anders gewesen, sie hätte im Rahmen der Begabtenförderung gewiss eine höhere Schule besucht. Herta schwört auf den Endsieg des Führers. Tante Marie grollt: „Du wirst uns noch allen Unheil bringen mit deinem dummen Geschwätz. Der Karl hat dem Mädchen den Kopf verdreht."

Karl ist ein Held. In Frankreich hat er das Ritterkreuz zum Eisernen Kreuz bekommen. Wenn er davon erzählt, leuchten Hertas Augen. Doch in Russland riss ihm eine Granate ein Bein weg. Ganz oben, sodass die

Prothese ihm nicht viel nützt. Die Russen haben ihn mit dem Holzbein verprügelt. Gott sei Dank wissen sie nicht, dass er in Russland gekämpft hat. Karl sagt, er sei 1940 verwundet worden. – Das kann nur in Frankreich gewesen sein …

Karl ist mit Lene verheiratet. Sie hat den kleinen Theodor während der letzten Kämpfe geboren.

„Das sieht meinem Stammhalter ähnlich", lacht Karl. Er selbst war während der Schlacht von Tannenberg zur Welt gekommen; seine Mutter konnte nicht mit den anderen fliehen. Während die Mutter in Wehen lag, liefen die geschlagenen Russen über den Hof. Und als der kleine Karl das Licht der Welt erblickte, schauten bereits Hindenburgs Soldaten zur Tür herein …

Margarethe, Lenes Schwester, nimmt sich meiner liebevoll an. „Sie gehören zu uns. Wo sechs satt werden, ist auch für die siebte Person etwas zu essen da."

Das Wetter ändert sich. Schneegestöber tobt vor den Fenstern. Lange bete ich kniend vor dem Bild, das über meinem Bett hängt und den guten Hirten mit seinen Schafen zeigt …

„Der Herr ist mein Hirt. Nichts wird mir mangeln …"

Die Russen kommen nicht. Sie meiden die Kälte oder wagen sich nicht in das Schneetreiben hinaus. Die 83-jährige Oma der Familie bezieht wieder ihre Stube, sitzt tagsüber am Spinnrad oder liest in ihrem abgegriffenen Gebetbuch. Die Bibel und ein paar Kirchenzeitungen sind ihr ganzer Schatz. In der Mittagszeit singt sie den kleinen Manfred mit Psalmen in den Schlaf.

Ich erhole mich rasch. Die Stille, der erquickende Schlaf tun mir gut. Ich beginne einen Pullover für die zwölfjährige Erna zu stricken, eines der Kinder meiner Gastgeber, und für Tante Marie eine Weste. Für die Instfrau vom Gut fertige ich ein Paar Strümpfe.

Ich improvisiere eine Schulstunde. An den langen Nachmittagen, wenn die Dämmerung das Dorf in ein blaues Licht hüllt, sitzen wir um den großen lila Kachelofen und stimmen die alten deutschen Volkslieder an: „Im schönsten Wiesengrunde", „Am Brunnen vor dem Tore", „Wenn ich den Wanderer frage" … Wie lange werden wir sie noch singen können …? Zum Abschluss ertönt immer ein religiöses Lied: „So nimm denn meine Hände …"

Ob ich meine Mutter wiederfinde? In Rößel war ich noch optimistisch, sie bis zu ihrem fünfzigsten Geburtstag irgendwo zu treffen. Doch allmählich schwindet meine Hoffnung. Bei diesem Februar-Schneegestöber ist kein Fortkommen. Selbst die Russen suchen zuweilen nur den Hof heim, bis ins Dorf trauen sie sich nicht.

– Gibt es eine Fügung? Einen erbeteten Schutz? Später habe ich erfahren, dass Mutter, nachdem sie in Quedlinburg eine Bleibe gefunden hatte, täglich zur Kirche ging und die hl. Messe für ihre vermisste Tochter mitfeierte. –

Anfang März hellt sich das Wetter auf. Neue Schreckensmeldungen eilen von Haus zu Haus. Das Stichwort, das wie ein Schock wirkt, heißt „Menschenjagd". Die russischen Soldaten haben nicht alle Bewohner der Dörfer registriert. Einige haben sich versteckt. Ja, selbst die Existenz des Dorfes Wachau ist ihnen verborgen geblieben. Nur das gleichnamige Rittergut ist ihnen bekannt.

So verschwinden aus dem Kreis der Bekannten zunächst fünf Männer. Drei sind bereits über siebzig. Es vergehen Tage, da kommt der Erste zurück. Er hat es in seiner verschlagenen Schläue verstanden, die Russen hinters Licht zu führen. Die anderen erscheinen später. Wahrscheinlich sind sie für die von ihnen geforderten Arbeiten zu schwach gewesen. Doch als sie aus dem Auffanglager in Rastenburg berichten, sträuben sich uns die Haare. Die Baracken sind überfüllt, weil keine Transportmittel zur Verfügung stehen, um die Zivilgefangenen fortzuschaffen. Die Menschen leben von dem, was sie mitgenommen haben. Viele leiden an Ruhr.

In der Unterkunft, in der die Bekannten hausten, stand für die Notdurft nur ein Waschkessel zur Verfügung. Als er gefüllt war, trugen zwei Mädchen ihn unter Bewachung hinaus. Doch die Stelle, an der sie ihn entleerten, gefiel den Posten nicht. So mussten sie den Inhalt mit bloßen Händen wieder zusammenkratzen ... Waschen durften sie sich nicht. Jeden Tag trug man Tote hinaus. Die Leichen lagen draußen und wurden nicht bestattet.

Ein Junge wurde zu Tode geprügelt. Noch als er blutüberströmt zusammenbrach, rief er: „Es lebe Hitler!"

Aus den Gefängniskellern drang kein Laut. Niemand, der hineingeschafft wurde, kam lebend heraus. Was dort geschah, konnte sich nur der Teufel ausgedacht haben ...

Als junge Tänzerin am Landestheater „Treudank“ in Allenstein.

Verrat auch unter Deutschen. Auf einem nahen Hof hat der Verlobte der Bauerntochter während der Kämpfe bei den zukünftigen Schwiegereltern Unterschlupf im Strohschober gesucht, um der Gefangennahme durch die Rote Armee zu entgehen. Eines Tages kommen Russen auf den Hof, gehen schnurstracks auf das Gebäude zu, werfen ein paar Bündel Stroh zur Seite und entdecken den jungen Mann – Genickschuss.

Wir leben ständig in Angst.

Bei Frischs: Helenes Gesicht ist blass. Sie hat ihr dunkles Polentuch tief in die Stirn gezogen, sodass die Augen tief im Schatten liegen. Ihr volles blondes Haar ist ganz verdeckt. Lange handgewirkte Bauernröcke, die bis zu den Knöcheln gehen, verdecken alle weiblichen Reize. Karl spöttelt: „Mussten erst die Russen kommen, dass die Weiber lernen, sich anständig zu kleiden?"

Ein künstlicher Buckel, Asche ins Haar oder auf das rosige Gesicht – die Frauen tun alles, um den Russen nicht aufzufallen.

Eine der Scharwerkerinnen in Wachau trägt einmal eine helle Schürze. Eine Horde Russen, die gerade mit dem Lastauto ankommen, fällt über sie her …

Ein Mädchen aus dem dritten Schuljahr, das mit anderen Kindern auf dem Gutshof spielt, weiß nicht, was der fremde Soldat von ihr will. Er schleppt sie brutal ins nächste Haus …

Eine andere meiner Schülerinnen in Langenwiese, die zwölfjährige Tochter von Frischs Nachbarn, kann sich auf Polnisch mit den Russen verständigen. Arglos ist sie mit ihnen im Gespräch … – Tage später noch liegt das Kind bleich und verstört in den Kissen. Es schaut niemanden mehr an. „Sie richten unsere Kinder an Leib und Seele zugrunde", weint die Mutter.

Wohin kann ich mich noch wagen? Jeder Weg birgt Gefahren. Jeder Besuch bei einem Nachbarn wird zum Risiko. Einmal, auf dem Weg zum großelterlichen Hof, ich bin mit Herta unterwegs, wir haben Milchkannen in den Händen, verfolgt uns ein Lastauto. Wir rennen quer übers Feld, werfen uns zu Boden. „Maria, breit den Mantel aus!" Der Lkw fährt vorüber. Stundenlang halten sich die Russen anschließend auf Frischs Hof auf. Was tun sie? Ob sie auf uns warten?

Die Großeltern besitzen noch ein paar Stück Vieh, dazu einige Pferde. Der Altbauer, dem Auffanglager Rastenburg entronnen, verlässt kaum noch den Stall. Es verdichten sich die Anzeichen von Geistesgestörtheit. Er darf keine russische Uniform zu Gesicht bekommen …

Tante Ännchen und ich sitzen bei Frischs in der Stube. Wir unterhalten uns. Da, ein Lastauto! Russen! Tante Ännchen schnappt den kleinen Theodor. Wir rennen zur Hintertür hinaus. Deckung. Durch einen tief eingeschnittenen Entwässerungsgraben entfernen wir uns langsam vom Hofgelände. Plünderer! An die Böschung geduckt, beobachten wir, wie sie sich hin und her bewegen. Was kann es denn noch zu stehlen geben? Im Schutz der Dämmerung trauen wir uns heimwärts. Die Bäuerin eines ärmlichen Gehöftes nötigt uns ins Haus. Ihr jüngstes Kind ist auf der Flucht erfroren. Ich treffe auf ehemalige Schüler. Die strenge Kälte hat ihre Flucht vereitelt.

Wer über die Straße geht, schnuppert wie ein scheues Reh. Er äugt und wartet, wagt sich vor, bleibt beim ersten Geräusch erschrocken stehen, lauert, wittert. Man kann verrückt werden bei dem ewigen Aufpassen und

Sichverstecken. Zum Glück ist die neue Straße nach Langenwiese nicht fertig geworden. Autos können nur im Einbahnverkehr fahren.

Wie groß kann der Glaube sein? Die Flüchtlingsfrau da drüben machte den Russen gar die Tür auf, als sie auf den Hof kamen, fragte höflich nach ihrem Begehr. Und als sie die Pferde nahmen, öffnete sie ihnen sogar die Stalltür und half, die Tiere aufzuzäumen. Sie beruft sich auf die Bibel: „Der Herr hat gesagt, liebet eure Feinde …! Nimmt dir einer den Rock, dann verweigere ihm auch den Mantel nicht …"

Ihre Sicherheit und Ruhe ist ein Segen für die ganze Umgebung.

Mitte März. Die Menschenjagden arten in Kesseltreiben aus. Soldaten mit Hunden umstellen die Häuser in großem Bogen und ziehen den Kreis langsam enger. Sie durchsuchen das Haus vom Keller bis zum Dach. Die Menschen werden auf Pferdewagen und Lastautos verfrachtet und zur nächsten Kommandantur gebracht.

Wachau erlebt das Kesseltreiben an einem Sonntag, wahrscheinlich am 18. März 1945. Die Russen nähern sich von allen Seiten. Braune Uniformen heben sich kontrastreich von der weißen Schneedecke ab.

Wohin?

„Nur nicht verstecken!", rät Tante Marie. Wer in einem Versteck aufgelesen wird, wandert in den Gefängniskeller, so geht das Gerücht. Wie kann man sich als Befreier vom Joch der Nazi-Diktatur aufspielen und Garant für soziale Gerechtigkeit sein, wenn man Jagd auf Menschen macht? Wer hätte Grund, die neue Ordnung zu fürchten, außer den Reaktionären?

Der Besitz ist umstellt. Zwei Soldaten widmen sich dem Wirtschaftsgebäude, stellen alles auf den Kopf, während die anderen mit aufgepflanztem Seitengewehr die Zugänge bewachen. Jetzt kommen sie ins Haus. Ich sitze zwischen den Kindern auf der Ofenbank. Die aufgeschlagene Bibel liegt vor uns auf dem Tisch der guten Stube. Es ist die Zeit des Sonntagsgottesdienstes, der heute wohl nirgends gefeiert wird. „Maria, breit den Mantel aus …"

Die Soldaten rumoren auf dem Dachboden herum, steigen bis in den Keller hinab. Gelegentlich durchqueren sie den Raum, bleiben schließlich vor uns stehen. Manfred schlingt die Ärmchen um den Hals der Mutter.

„Sind das alles Geschwister?"

Frau Margarethe bejaht. Einer mustert mich lange. Spürt er, dass ich nicht ins Bild der blauäugigen Blondköpfe passe?

Unschlüssig nimmt er die Bibel, blättert darin. Nein, ein Führerbild ist nicht zu finden, und ein Hakenkreuz gibt es auch nicht. „Ist das von eurer Religion?"

„Ja."

Der Soldat legt das Buch auf den Schrank. Noch einmal kommt er zurück, schaut mich lange an. Ein energischer Wink unterstreicht den Befehl: „Du gehst mit! Fertig machen! Brot für drei Tage."

Ein Posten steht vor der Tür. Die anderen marschieren weiter.

Soll ich in der hinteren Stube zum Fenster hinausspringen? Dort sind keine Russen zu sehen. Sie schließen den Kreis bereits um andere Gehöfte und Häuser des Dorfes. Welche Folgen würde meine Flucht für Familie Langanke haben?

Mein Koffer ist auf dem Heuboden versteckt. Ich kann ihn jetzt nicht holen. Ich trage auch keine Schuhe. Frau Margarethe reicht mir schluchzend ein Paar Kinderstrümpfe, packt ein halbes Brot und ein Stück Speck ein. Ein Abschied für immer? Wohin geht die Reise? Russland ist groß und weit. Werde ich durchkommen? Das Ziel erreichen? Die Heimat je wiedersehen?

Einen Brief möchte ich schreiben, einen Brief an Mutter. „Macht euch keine Sorgen um mich! Wo immer ich auch hingehe, ich bin auf dem Weg nach Hause …"

„Wenn ruhige Zeiten kommen, Frau Langanke, würden Sie diesen Brief bis dahin aufbewahren und dann befördern?"

Ich schiebe den Brief unter die Wachstuchdecke des Tisches in Omas Stube. Ich bin allein. Über dem Bett hängt ein kleines Bild Marias. Ich weiß nicht, ob ich meine Mutter in diesem Leben je wiedersehen werde. Jetzt drängt es mich, vor der himmlischen Mutter niederzuknien und ihr meine arme Existenz anzuvertrauen. „Wenn es der Wille deines Sohnes ist, will ich nach Russland gehen. Du weißt, dass es nicht einfach ist. Du wirst schon aufpassen müssen auf mich. Sei du jetzt ganz meine Mutter!"

Ich fühle mich geheimnisvoll geborgen. Ich weiß nicht, warum: Aus einer plötzlichen Eingebung und aus innerer Notwendigkeit biete ich Gott in dieser Stunde mein weiteres Leben für die Bekehrung Russlands an … Herrn Bleises Rosenkranz besitze ich noch. Ich ziehe ihn aus der Rocktasche. „Gegrüßet seist du, Maria …"

Plötzlich kommen die Kinder angestürmt.

„Fräulein, Fräulein, die Russen sind weg!"

Ich verstehe kein Wort.

„Wirklich, sie sind weg!"

Während der Posten vor der Tür auf- und abmarschierte, kam ein Wagen vorbei. Er hielt vor dem Hoftor. Der junge Soldat, der mich so lange gemustert hatte, sprang ab und drängte ins Haus, wahrscheinlich, um mich abzuholen. Da stand ein anderer auf und drohte ihm mit dem Karabiner. Zusammen mit dem Posten fuhren sie schließlich davon.

Es dunkelt, die Nacht bricht herein. Die Russen kommen nicht wieder …

Am nächsten Tag lösen sich die Kinder auf dem Beobachtungsposten am Fenster ab. Sobald sich Russen zeigen, wollen wir uns verstecken. Tante Annchen hat einige Holzlatten am Zaun zwischen ihrem und Langankes Garten gelockert. Bei Gefahr kann sie hindurchkriechen und mit Herta und mir in dem Häuschen mit dem Herzchen hinten im Obstgarten Unterschlupf finden.

Welche Wahl haben wir schon? Entweder wir landen in den Gefängniskellern von Rastenburg oder in den Bergwerken Sibiriens. Wir nehmen das Risiko auf uns, in unserem Versteck aufgestöbert und verhaftet zu werden. Gott kann es zulassen, dass die Soldaten uns nicht finden …

„Russen aus Richtung Eichmedien!" Das Alarmsignal lässt uns zusammenschrecken. Tante Ännchen erscheint im Obstgarten. Wir verriegeln die Aborttür hinter uns. Die Zeit verrinnt. Schließlich höre ich: „Irmgard!, Irmgard!" Frau Margarethe ruft mich sonst nicht mit Vornamen. Über einen Umweg erreiche ich das Haus. Der Kommandant von Eichmedien ist da! Er will das Mädchen sehen, das die Soldaten gestern nicht mitgenommen haben. Also scheint es doch ein Ordnungssystem innerhalb der Menschenjagd zu geben.

„Fertig machen!"

Mit gesenktem Blick stehe ich vor ihm. Das halbe Brot ist noch in der Tasche, auch der Speck. Ich ziehe wieder die viel zu kleinen Kinderstrümpfe an.

Der Offizier unterhält sich mit der Oma. So, dreiundachtzig Jahre ist sie alt und immer noch fleißig! Er bewundert ihre Fertigkeit beim Spinnen. Er ist Arzt von Beruf. Ich bin fertig, kehre dem Russen den Rücken zu und stehe vor dem Fenster, als ob ich hinausschaue. Doch ich sehe nichts. Meine Fantasie baut sich Bilder, die fern, in Sibirien oder sonstwo angesiedelt sind. Plötzlich spüre ich die Hand des Offiziers auf meiner Schulter. Sie dreht mich sacht um. Auf Deutsch sagt er: „Du nach Hause!" Was so viel heißen soll wie: Du kannst daheimbleiben.

Er reicht mir väterlich lächelnd die Hand.

„Auf Wiedersehen!"

Auf Nimmerwiedersehen – denke ich.

Das Kesseltreiben ist noch nicht zu Ende. Wie aus heiterem Blitz fällt wenige Tage später das Los wieder auf mich:

„Mitgehen!"

Was nützt der Protest, was der Hinweis, der Kommandant selbst habe mich freigelassen. Die Russen geben vor, nichts zu wissen. Ein junger Soldat bewacht mich. Die anderen durchstreifen das Dorf. In letzter Zeit hört man von uniformierten Horden, die auf eigene Faust plündern und Frauen entführen, um sie für sich oder polnische Mädchenhändler zu requirieren.

Tante Marie holt den Koffer vom Schuppen. Währenddessen bleibt Frau Margarethe in Omas Stube neben mir sitzen. Der Russe spielt verlegen mit seinen Lederhandschuhen für Damen. Als ihm einer zu Boden fällt und ich ihn aufhebe, schrickt er zusammen.

Er nestelt ein kleines Buch aus seinem Wams. Diese Art habe ich schon bei Landsern gesehen. Er blättert, liest etwas vor, das ich nicht verstehe, und reicht mir schließlich den aufgeschlagenen Text.

„Haben Sie Waffen bei sich?", lese ich. Daneben steht die Frage auf Russisch. Der Soldat deutet auf mein Köfferchen. Dass Waffen darin versteckt sein sollen, glaubt er wahrscheinlich selbst nicht. Aber er sucht vielleicht einen Vorwand, um sich meines Gepäcks zu bemächtigen.

Seine Kameraden kommen und holen ihn und mich ab.

Der Schnee liegt noch zwischen zwanzig und dreißig Zentimeter hoch. Ich trage in einer Hand den Koffer, in der anderen die Segeltuchtasche. Wir ziehen die Dorfstraße entlang. In der Mitte zwischen Dorf und Gut steht ein Pferdewagen. Der Kutscher, ein älterer Russe, hält die Zügel in der Hand.

„Bist du hier zu Hause?"

„Nein."

„Warum bist du denn hier?", fragt er mit starkem bayerischen Akzent.

„Ich suche meine Mutter."

„Dann ist die Frau, bei der du warst, nicht deine Mutter?"

„Nein."

Er fragte, während seine Gedanken zu arbeiten schienen. Suchte er einen Grund, mich freizubekommen?

„Wie alt bist du?"

„Fünfzehn."

Die Soldaten stehen breitbeinig um den Wagen, rauchen, kauen Tabak und verfolgen interessiert die Szene. Der Kutscher redet auf sie ein, sie scheinen zu verhandeln. Einer der Soldaten winkt mir, ihm zu folgen.

Wir gehen auf eines der lang gestreckten Insthäuser des Gutes zu. Der Russe öffnet die Haustür und lässt mich vorangehen. Er stellt das Gewehr in die Ecke, blickt sich um. Eines der Kinder, die am Boden hocken, greift nach dem Gewehr. Der Soldat nimmt es ihm weg und bedeutet mir, ein paar Stufen zum nächsten Eingang hinaufzugehen.

Die Frau habe ich früher schon gesehen. Das älteste ihrer sieben Kinder kam in meinen Unterricht. Gestern noch haben ihr die Soldaten vor den Augen der Kleinen Gewalt angetan. Ich erkenne ehemalige Schüler. Sie blicken mich wortlos an.

„Jetzt sehen Sie Ihre Kinder zum letzten Mal", meint die Frau. Ich ermahne sie, ruhig zu sein. Muss denn alle Welt erfahren, dass ich hier Lehrerin in der „Nazischule" war? Nun wendet sie sich direkt an die Jungen und Mädchen: „Ist das nicht eure Lehrerin?"

Eine peinliche Situation. Die Russen werden aufmerksam. Will sich die Scharwerkerin vor ihnen hervortun? Geistesgegenwärtig schütteln die Kinder den Kopf.

„Was habt ihr mir denn da erzählt, ihr dummen Blagen“, ärgert sich die Frau.

Einer der Soldaten steht unmittelbar neben mir. Jetzt setzt er sich, spielt mit einer leeren Pappschachtel. Die Minuten sind wie Gummi. „Maria, breit den Mantel aus“, bete ich wie so oft in den letzten Wochen.

Die anderen Soldaten sind wieder da. Sie stehen draußen vor dem Haus. Mein Bewacher klopft an die Fensterscheibe, um sich bemerkbar zu machen, und geht dann hinaus. Mir gibt er zu verstehen, dass ich verschwinden könne.

Wie eine Schlafwandlerin bewege ich mich auf der Straße zum Dorf hinab.

Der Kutscher auf dem Wagen ist noch da. „Dass du frei bist, hast du mir zu verdanken“, sagt er. „Ich habe ihnen gesagt, dass du noch zu jung bist.“

Zu jung ... Wie ausgebrannt gehe ich durchs Dorf. Ich fühle mich leer. Sonst hat eine innere Kraft mich am Leben gehalten. Jetzt spüre ich nichts mehr. Die ständige Bedrohung zerrt an meinen Nerven, scheint die Stränge einzeln aufzulösen.

„He, wo wollen Sie denn hin?“

Frau Margarethe steht vor mir. Ich habe nicht bemerkt, dass ich die letzten Häuser des Dorfes bereits hinter mir gelassen habe.

„Sehen Sie, Sie sind wieder freigekommen.“

Das Muttergottesbild in Omas Stube sehe ich nicht an. Ich bin freigekommen, gewiss. Jedoch nur, weil ich gelogen habe. Darf ich lügen, trotz der Bedrohung durch die Russen? Und wenn Gottes Wille nun ein anderer wäre?

Zerstören meine Lügen Gottes Pläne mit mir? Brutale Gewalt fürchte ich nicht, wohl aber die Bestechlichkeit des Herzens.

Ich will ehrlich sein, nehme ich mir vor. Was auch geschieht – Ehrlichkeit währt am längsten …

Allmählich kehrt die alte Kraft in mich zurück.

Tante Ännchen lädt mich zum Mittagessen ein. Es gibt Erbsensuppe. Eine willkommene Abwechslung. Die Nachbarin hat ursprünglich fünf oder sechs Kinder gehabt. Bis auf den jetzt siebenjährigen Bernhard sind alle tot zur Welt gekommen. Dem Jungen gilt ihre ganze Liebe, vor allem, seit ihr Mann in Russland vermisst ist. Seit Beginn des Krieges liegt die Verantwortung für den Hof allein auf ihren Schultern, denn Arbeitskräfte sind rar.

Wir wollen gerade essen, da geht die Tür auf. Zwei Russen stehen auf der Schwelle. „Fjau, Fjau", zischt der eine. Bernhard schmiegt sich an mich. Die Soldaten stöbern herum, entdecken schließlich eine alte Schreibmaschine, die das deutsche Militär vergessen hat. Die Männer vermuten einen Geheimsender oder gar eine Höllenmaschine. Umständlich lassen sie sich erklären, wozu eine Schreibmaschine taugt. Dann überwinden sie sich, sie mitzunehmen. Einer der beiden mustert mich.

„Wie alt?"

Mein Herz will zerspringen. Ich sage die Wahrheit. „Einundzwanzig."

Tante Ännchen übersetzt.

Er blickt mich abschätzend an. Dann verlassen beide das Haus.

Abends, als die Mutter den kleinen Bernhard zu Bett bringt, sagt er: „Mutti, sag' nicht ‚Fräulein', sag' ‚Irmgard'. Sonst kommen die Russen und nehmen das ‚Fräulein' mit."

Die Besuche der Soldaten gehören zum Alltag. Täglich erscheinen eine oder zwei Gruppen im Haus, durchwühlen Schränke und Kisten, werfen die Betten heraus, kehren das Unterste zuoberst. Immer wieder entdecken sie etwas, das ihren Gefallen findet.

Wenn die Russen im Haus sind, warten wir in unserem Versteck. Die Fluchtwege zum „stillen Örtchen" im Garten sind eintrainiert. Tante Ännchen, Herta, Frau Margarethe, Irma und ich verbringen einmal Stunde um Stunde im Häuschen. Ein andermal steht ein Russe wenige Schritte von uns entfernt, die Arme auf den Zaun gestützt, und schlägt die Zeit tot. Wir bitten Gott, dass er endlich gehen möge. Und tatsächlich: Gemächlich trottet er davon.

Wenige Tage später kommt das Signal „Russen!" zu spät. Ich komme noch bis an den Gartenzaun – da stehen die Soldaten im Hof. Da, wo ich gerade bin, hocke ich mich nieder. „Maria, breit den Mantel aus! Schutzengel, hilf!" Sie müssten mich sehen, denn ich bin kaum eineinhalb Schritt vom Ersten entfernt.

Als der Boden aufzutauen beginnt, vergraben die Dorfbewohner ihre restlichen Schätze in der Erde. Doch die Besatzungstruppen entdecken die frisch bearbeiteten Flächen sofort und stochern mit dünnen Eisenstäben herum. Frau Margarethe hat einen Rest Zucker in der Hundehütte deponiert. Den Hund haben die Soldaten erschossen, als er die Fremden anbellte.

Tante Marie arbeitet wieder auf dem Gutshof. Einmal bringt sie zwei Ferkel mit. Mit der Magermilch, die wir im Gegensatz zum Rahm, den die Russen beanspruchen, behalten dürfen, wollen wir die Schweine aufziehen. Die großen Rinderherden produzieren immer noch einen erheblichen Milchertrag. Die Magermilch wird unter den Scharwerkern aufgeteilt.

Die Freude über die Tiere ist nur kurz. Ein Deutscher, der mit den Russen gemeinsame Sache macht, schlitzt ihnen die Bäuche auf und wirft die noch zuckenden Kadaver auf seinen Wagen. Mit teuflischem Grinsen droht er, alle zu erschießen, die ihm Tierquälerei vorwerfen …

Leise kündigt sich der Vorfrühling an. Neues Leben will entstehen. Aus welchen Narben und Ruinen entfaltet sich die Natur …

Bald nach Sonnenaufgang sitze ich nun täglich mit einer Handarbeit am Fenster der guten Stube. Von hier kann ich die Straße vom Gutshof und den Weg nach Eichmedien im Auge behalten. Die Kinder beobachten die anderen Zugänge zum Dorf. Die Stille des Tages nutze ich gern zum Rosenkranzgebet. Mithilfe des Schott-Messbuches vertiefe ich mich vormittags in die Liturgie der Messe. Wenn bei uns auch kein Gottesdienst gefeiert wird – irgendwo auf der Welt wird sich um diese Stunde ein Priester an den Altar begeben. Ich spüre die Gegenwart Gottes …

Eines Nachts träume ich von meinem Vater, wie er den Weg vom Gutshof herabkommt, und ich ihn von meinem Fensterplatz aus sehe. Ich blicke in sein Gesicht, erkenne Form und Farbe seines Anzugs. Als er vor dem Haus steht, erwache ich.

Am darauffolgenden Morgen erspähe ich eine Gestalt, wie sie sich unserem Anwesen nähert. Alles ähnelt dem Traum. Nur der Gang des Mannes ist müder. Ich rufe die Kinder, mache sie auf den Fremden aufmerksam.

„Vielleicht sucht er jemanden im Dorf."

Die Kinder laufen zur Straße, bitten den Gast herein. Ein fremder Flüchtling, verbittert, ausgehungert, mit grobem Gebaren steht vor mir. Frau Margarethe bewirtet ihn, wir hören ihm zu. Dann, nach kurzer Rast, zieht er weiter. Er trägt Vaters Antlitz …

Ostpreußen
N
W
O
S
1cm=20km
Memel
Tilsit
Heinrichswalde
Labiau
Schloßberg
Königsberg
Insterburg
Ebenrode
Wehlau
Gumbinnen
Heiligenbeil
Braunsberg
Pr. Eylau
Gerdauen
Angerapp
Goldap
Ausschnitt
Bartenstein
Angerburg
Elbing
Heilsberg
Rößel
Rastenburg
Treuburg
Lötzen
Ermland
Pr. Holland
Marienburg
Stuhm
Mohrungen
Sensburg
Lyck
Allenstein
Marienwerder
Rosenberg
Osterode
Johannisburg
Ortelsburg
Neidenburg
KJS 1994

Hinter der Kriegsgefangenenbaracke, die zum Gut Wachau gehört – hier zieht mit dem Vorfrühling ein ständiges russisches Kommando ein –, liegt immer noch die Leiche des Wachmanns der Ukrainerinnen. Als die Sowjets einmarschierten, haben sie die Frauen gefragt, ob sie von ihm gut oder schlecht behandelt worden sind. Aus Furcht vor den eigenen Soldaten hielten es die Frauen für besser, zu schweigen. Also kurzer Prozess mit ihm – Genickschuss.

Eine der Frauen musste sich gegen die Zudringlichkeit der „Befreier" zur Wehr setzen. Sie kratzte und biss und warf ihnen vor, so gottlos und bestialisch seien die Feinde nicht mit ihnen umgegangen. Kurzerhand durchschossen ihr die Russen Hände und Füße und machten ihrem Leben schließlich mit einem Herzschuss ein Ende.

Die Leiche des Wachmanns trägt noch die Armbanduhr. Auch seine Brieftasche mit den Ausweispapieren, mit Fotos, Geld und Briefen sei noch da, erzählen die Jungen. Ist denn niemand in der Lage, diese Dinge an sich zu nehmen, um sie später seiner Frau zu schicken? Nein, die Leiche soll von den Aasvögeln gefressen werden! Die Kinder sagen, dass die Hunde sich schon an ihr vergriffen haben.

Tante Marie ist empört. „Wenigstens der Schütz und der Schupeter könnten Manns genug sein, einen ehrenhaften Soldaten zu begraben."

Einige Tage darauf ist der Tote verschwunden.

Allmählich kommt etwas mehr Ordnung in das Besatzersystem. Die Sowjets organisieren die Arbeit auf dem Hof. Letzte Vorräte wandern ab, der Viehbestand unterliegt einer strengeren Kontrolle. Neugeborene Kälber und Schweine können nicht mehr an die Arbeiter abgegeben werden. Niemand kann mehr so einfach einen Sack Getreide hamstern.

Wer nicht arbeitet, soll auch nicht essen. – So heißt die Devise. Herta und ich bleiben zu Hause. Doch allmählich können wir uns dem allgemeinen Druck nicht entziehen. Das „Fräulein" kommt ins Gerede. Vor allem wollen die anderen wissen, was für eine Freundschaft die wohl mit der Familie Langanke unterhält. Tante Maries Gesicht ist von Tag zu Tag sorgenvoller.

„Die Grete Frisch will wohl immer noch etwas Besseres sein? Hat sich gar eine Hauslehrerin für die Kinder angeschafft?"

„Die Nazis wollten die Herta ja auch auf die höhere Schule schicken. Das eingebildete Ding soll erst einmal lernen, was es zu arbeiten heißt."

Tante Marie versucht, mich zu verteidigen. Sie bietet alle Beredsamkeit auf, um mir zu helfen. Schließlich sagt sie:

„Habt ihr denn keinen Glauben mehr? Seht ihr denn nicht, dass unser Flüchtling unter dem besonderen Schutz Gottes steht? Was habt ihr davon, wenn ihr das ‚Fräulein' ins Elend bringt?"

„Besonderer Schutz? Gibt es denn für uns keinen Gott? Warum wird sie von den Russen verschont – wir jedoch nicht?"

Meine Situation beginnt brenzlig zu werden. Jemand unterstellt, ich sei eine Spionin und stecke mit den Russen unter einer Decke. Möglich auch, dass mich jemand an die Sowjets verrät. Soll ich fliehen? Wenn ja, wohin? Es ist unmöglich, von hier wegzukommen. Ich bestürme den Himmel …

Kurz vor Ostern. Wieder muss ich überhastet das Versteck aufsuchen. In der Eile vergesse ich mein immer bereitliegendes Bündel mit Mantel und Wolljacke.

Später trägt eine der russischen Frauen mein Wiener Modell.

Die Schulhelferin hat nun keinen Mantel mehr. Wenn sie jetzt verraten und nach Russland deportiert wird – wird sie die Strapazen bei der Kälte nicht überleben. Meine alten Schulkinder legen sich mächtig für mich ins Zeug.

Karfreitag. Protestantische Strenge zieht in das Familienleben ein. Oma vertieft sich in die Passion unseres Herrn. Das Leben dieser Tage ist ein Weg nach Golgota. Wir gehen hinter dem Kreuz, und viele Menschen sind wie Christus das Opferlamm, das man zur Schlachtbank führt.

Vor einem Jahr habe ich Ostern beim Reichsarbeitsdienst verbracht mit den alt- und neuheidnischen Gebräuchen. Ohne Ostermesse. Ohne Osterkommunion. Ich habe große Sehnsucht nach einem Gottesdienst. Hier, in evangelischer Umgebung, gibt es naturgemäß selten die Möglichkeit, an einer Eucharistiefeier teilzunehmen. Wahrscheinlich wird es jetzt nicht einmal einem evangelischen Pfarrer gestattet werden, offiziell mit der Gemeinde zu beten.

Der Ostermorgen ist klar und mild. Das Licht strahlt hell, so hell, dass es die Russen schon bei Tagesanbruch hinaustreibt. Wieder flüchten die Frauen in das erprobte Versteck. Durch den engen Türspalt beobachte ich, was geschieht. Gerüchte gehen um, dass die Sowjets nur die günstige Jahreszeit abwarten, um dann „ganze Arbeit" zu leisten – was immer man darunter verstehen mag. Wie lange kann ich den Menschen, die gut zu mir sind, noch zur Last fallen, ohne sie zu gefährden?

Vierzehn Tage später. Tante Marie wird von der Arbeit weggerufen. Sie halte doch seit Längerem ein junges Mädchen versteckt, wird sie von den Russen auf den Kopf zu gefragt. Sie solle nur nicht leugnen. Man habe untrügerische Beweise. Falls diese Person am nächsten Morgen nicht zur Arbeit erscheine, würden „andere Maßnahmen“ unvermeidlich sein.

Wer hat mich verraten?

„Andere Maßnahmen“ – das hieße unmissverständlich Vergewaltigung. Tante Ännchen war es so ergangen. Sie hatte sich der Zudringlichkeit eines Soldaten nur durch die Flucht entziehen können. Am darauffolgenden Morgen jagte ein Personenwagen mit hoher Geschwindigkeit durchs Dorf, stoppte vor dem Nachbarhof. Ans Verstecken war nicht zu denken. Zu dritt fielen sie über die Frau her. Das Kind, das sich an die Mutter klammerte, schleuderten sie in die Ecke.

Eine halbe Stunde später barg Tante Ännchen ihren Kopf weinend an meiner Schulter …

Ich gehe ins Scharwerk. Keine Frage. Die nackten Füße in klotzigen Holzschuhen, unter der Trainingsjacke das Neue Testament, so marschiere ich in der Reihe der Arbeiterinnen zum Gutshof. Socken besitze ich nicht mehr. Eine plündernde Russenfrau hat sie vor Wochen mitgenommen. Ich halte mich an Tante Marie. Die Dienstanweisung lautet: Kartoffelmieten auf dem Acker hinter den Stallungen abdecken.

Die Instfrauen beobachten mich heimlich. Ich lasse mir nichts anmerken, schaufle die Erde beiseite, die die Kartoffeln in den etwa hundert Meter langen Mieten schützt.

Das „Fräulein" solle sich nicht so anstrengen, bedeuten sie mir. Später, wenn die Russen mit den Lkw kämen, müsse ich noch Kraft haben zum Aufladen. Es sei überhaupt besser, sich nur abzurackern, wenn die Aufseher in die Nähe kämen.

Eine Falle? Wollen sie hören, was ich erwidere, um es den Russen zu sagen?

Die Arbeit will nicht recht vorangehen. Gruppenweise stehen die Menschen beisammen, die Hände auf Spaten und Hacke gestützt, und reden über ihre Sorgen. Manche erzählen kichernd von ihren zweifelhaften Abenteuern mit den Soldaten.

Der Verwalter lässt sich selten blicken. Er läuft unrasiert und lässig gekleidet herum, nicht mehr der elegante „Belami" mit Reitpeitsche und Silbersporen. Die Instfrauen lassen ihre Fantasie ins Kraut schießen: Was wird die Gutsherrin erwarten, wenn sie gefasst würde oder nochmals auftauchte? Mit dem von den schlecht bezahlten Frauen erwirtschafteten Gewinn des Großgrundbesitzes hatte sie in den Luxusorten der Welt vergnüglich gelebt. Versteckter Hass entlädt sich in Worten. Nun endlich wird es auch den Tagelöhnern besser gehen. Die Russen werden schon für sozialen Ausgleich sorgen …

Es vergehen Tage, bis die Kartoffeln aus ihrem Winterlager freigeschaufelt sind. Nebenbei versorgen die Arbeiterinnen das Vieh in den Ställen. Sobald die Weiden zu grünen beginnen, sollen die Rinderherden nach Osten getrieben werden.

Im April schon beginnt das Kartoffelpflanzen. Der Frühling drängt in die Bäume und Sträucher. Herta und ich sind ungeübt, die Kartoffeln schnell genug in das von der Maschine ausgehobene Pflanzloch zu werfen und es mit dem Fuß zuzutreten. Manche Scharwerkerin versorgt unsere Reihen stückweise mit.

Wie ein Lauffeuer geht der Ruf durch die Reihen der Arbeiterinnen: „Ein Lastauto voll Russen! Sie suchen Weiber!" Einige Soldaten überqueren bereits die Wiese, die das Feld vom Gutshof trennt. Den Korb stehen lassen und nichts wie weg! Mit Herta und einer jungen Frau renne ich den Hügel hinan. Da krachen die Karabiner. Neben uns reißen Geschosse die Erde auf. Bei einem Weiher jenseits der sanften Anhöhe wage ich anzuhalten. Ich warte auf die anderen. Die junge Frau lässt sich erschöpft zu Boden fallen. Sie ist hochschwanger.

Weiter. Die Hügelkette deckt uns auf dem Weg zum Wäldchen. Von hier aus können wir die Gegend überblicken. Ob uns die Russen folgen? Vom schützenden Gehölz aus sehen wir einen Wagen aus Richtung Eichmedien ins Dorf fahren. Wir warten.

Die junge Frau berichtet, dass sie schon mit sechzehn Jahren Witwe geworden ist. Ihr Mann ist kurz nach der Hochzeit gefallen. Nun ist sie verlobt. Von diesem Mann stammt auch das erwartete Kind. Aber auch von ihm hat sie keine Nachricht. Er gilt als in Russland vermisst.

Gegen Abend kehren wir zurück. Frau Margarethe hat große Nöte ausgestanden. Es ist das erste Mal, dass sie mir einen Vorwurf macht.

„Sie haben in Ihrer Kopflosigkeit auch Herta in Lebensgefahr gebracht."

Für mich steht fest: Ich muss hier weg!

Ein Russe von der Dreschkolonne erscheint auf dem Acker und mustert uns kritisch. Er hat zu wenige Leute an der Maschine. Mit dem Finger winkt er einige Frauen herbei. Eine Arbeiterin protestiert. „Warum immer wir? Nimm die Jüngeren. Die sind kräftiger."

Herta und ich müssen ihm folgen. Die Dreschkolonne ist die verrufenste unter den Arbeitsgruppen. Wir bekommen den Auftrag, die Spreu wegzuschaffen. Es staubt fürchterlich. Die Luft ist trocken. Wir füllen die Spreu in Säcke und schleppen sie zur Ablage.

„Sie haben wohl nie so etwas getan?", fragt eine der Gefährtinnen in der Verschnaufpause. Doch, als Arbeitsmaid habe ich mit Soldaten an der Dreschmaschine gestanden. Die Kolleginnen in der Dreschkolonne sind vorwiegend verschleppte Frauen. Eine junge sympathische Frau erscheint erst gegen Mittag. Auf meine Frage, ob sie schon lange bei der Kolonne sei, schaut sie verlegen zu Boden. Der Leiter der Dreschkolonne ist ihr Liebhaber; sie ist gekommen, um ihn zum Essen zu rufen. Ihre Augen bitten um Verständnis. Das schwere Leben an der Maschine sei nicht mehr zu ertragen gewesen. Der Russe, ein junger, finster dreinschauender Mann, sei gut zu ihr – sagen die anderen – und wolle sie nach dem Krieg mit in die Sowjetunion nehmen.

Herta und ich sitzen für einige Augenblicke am Zufahrtsweg zur Scheune, um zu verschnaufen. Mit einem

Male steht der Mechaniker vor uns. Seine Augen blitzen vor Zorn. Er schimpft, aber wir verstehen ihn nicht. Kleinlaut folgen wir ihm zurück zur Arbeitsstelle. Plötzlich vertritt er mir den Weg. Herta soll weitergehen. Geistesgegenwärtig wende ich mich ab, klammere mich an ein halb geöffnetes Scheunentor und täusche einen Hustenanfall vor, der mir die Tränen in die Augen treibt. Der Mechaniker sieht mich überrascht an, deutet auf meine Brust. Vielleicht denkt er an Tuberkulose. Er lässt mich gehen.

Von jetzt an kümmert er sich zu viel um die Spreuträgerinnen. Wir sollen die Säcke nicht zu vollmachen, sie seien zu schwer für uns, lässt er uns über eine Dolmetscherin sagen. Manchmal packt der Mann selbst zu und trägt die Säcke fort. Die anderen kichern hässlich. Mir behagt die Situation nicht.

An diesem Sonntag ist ausnahmsweise arbeitsfrei. Die Russen wollen einen Ausflug machen und suchen weibliche Begleitung. „Sollen sich doch die Jungen zur Verfügung halten", meint eine Scharwerkerin.

Der Sonntag ist heilig. Bisher gab es immer einen Grund, weshalb ich sonntags nicht ins Scharwerk gehen musste. Nun erfahren wir, dass die Russen einen Mann totgeschlagen haben, der sich weigerte, das Gebot der Sonntagsheiligung zu übertreten. Den Wachauer Instfrauen imponiert diese Haltung. Tante Marie hält den Mann für einen Heiligen. Er habe seinen Glauben gelebt. Wie werde ich mich entscheiden, wenn ich meinen Glauben bekennen muss …?

Seit wir in der Kolonne arbeiten, halten wir es nicht mehr für erforderlich, uns zu verstecken, wenn Russen ins Haus kommen. Mittags essen wir daheim. Einmal beten wir gerade, als Plünderer auf der Schwelle stehen.

Einer bleibt andächtig stehen, bis wir fertig sind. Dann durchwühlen sie gemeinsam Schränke und Schubladen. Vor jedem Heiligenbild schlagen sie ein Kreuz. Merkwürdige Menschen, diese Russen.

20. April. Führers Geburtstag … Dem Nachbarn Z. wird eine kleine Renate geboren. Mehr als ein halbes Dutzend Mäuler hat er schon zu stopfen. Man sagt, er sei nicht mehr ganz richtig im Kopf, weil ihn die Sorgen um die große Familie und den ausgeraubten, tierlosen Hof zu Boden drücken. Dem ältesten Sohn hat ein unversehens explodierendes Geschoss ein paar Finger von der Hand gerissen. Der Schlonski spannt an und fährt den stark blutenden Jungen nach Rhein. Jetzt liegt er im Krankenhaus.

Es gibt Neuigkeiten in der Stadt: Schlonski hat ein paar bekannte Polen getroffen, die schimpfen über die Russen und ihre Schlamperei. Obgleich ihnen die Deutschen verhasst waren, selbst nach dem Polenfeldzug gab es binnen kurzer Zeit wieder elektrisches Licht, klappte die Post nach 14 Tagen wie am Schnürchen. Bei den Russen wurde es nach einem Vierteljahr immer noch schlimmer. Sie demontierten die Fabriken und nahmen die Eisenbahnschienen mit. Wie sollte da der Transport von Gütern funktionieren? Die Polen ließen das von den Russen besetzte Gebiet nicht ohne Weiteres ausrauben. Es sei bereits zu Schießereien zwischen Sowjetsoldaten und polnischen Partisanen gekommen, die das Beutegut nicht nach Russland passieren lassen wollten. Ja, und zwischen den Westmächten und den Sowjets gäbe es Spannungen. Immer noch befänden sich französische Kriegsgefangene in Rhein.

Ich kann so nicht weiterleben. Die Verhältnisse spitzen sich zu, die Lage wird immer bedrückender. Trifft ein Lastauto auf dem Gutshof ein, um das ausgedroschene Getreide abzuholen, verbreitet sich Schrecken unter den Frauen. Herta und ich haben uns mehrmals im obersten Stock der Scheune verborgen. Die junge Witwe ist eifersüchtig wegen des schneidigen Mechanikers. Einmal begießt sie ihn mit Wasser, während er uns bei den Säcken hilft.

Ich will weg, ich muss weg! Ich bete zur Gottesmutter, nehme meine Zuflucht zur Jungfrau von Fatima. Es ist mir, als sollte ich am 13. Mai, am ersten Erscheinungstag, davonlaufen. Und doch ist alles unklar, ungewiss.

Eines Abends besucht uns jene Flüchtlingsfrau, die den Russen ihr Eigentum verschenkt, damit sie es nicht zu stehlen brauchen. In ihrer Begleitung befindet sich das Töchterchen. Von der hochgewachsenen Frau geht eine unbegreifliche Ruhe und Sicherheit aus, die nicht von dieser Welt zu sein scheint ... Wir sprechen über die Flucht. Zunächst hält sie die Möglichkeit, davonzulaufen, für unrealistisch. Eine Frau, die es versucht hat, ist nicht einmal bis ins Nachbardorf gekommen. Sie könne froh sein, dass man ihr nicht den Prozess wegen Spionageverdacht mache. Ich spreche von meinem Vertrauen in Gottes Führung, vom Schutz, den ich bisher erfahren habe ... Da ändert sich ihre Haltung.

Ich will noch inständiger um den richtigen Weg beten.

Zwölfter Mai. Der Tag beginnt wie jeder andere. Als wir vom Mittagessen zum Gut zurückkommen, sitzen Russen an der Böschung und schäkern mit einigen Scharwerkerinnen. Die Mittagspause müsste schon vorüber sein, aber niemand hat Eile. Noch eine Woche, dann sind die Drescharbeiten abgeschlossen, die Kolonne wird aufgelöst, dann gehen die und die Frauen mit nach Rußland.

Der Mechaniker zeigt auf einige Arbeiterinnen.

Er weist auch auf mich.

Die Frauen lachen. Mit solchen Dingen solle man keinen Scherz treiben. Und im Übrigen sei es nicht seine Sache, zu bestimmen, wer deportiert werde.

Der Mechaniker bekommt einen roten Kopf. Er werde es beweisen ...

Der Russe stampft zur Verwaltung hinüber und holt ein Blatt Papier. Die Liste von der Kommandantur. Umständlich beginnt er vorzulesen. Stehen die Namen wirklich da? Oder erlaubt er sich einen Scherz?

Wir blicken ihm über die Schulter.

„Irmgard Behrendt".

Es kann kein Zweifel sein.

Wer hat meinen Namen auf das Papier gesetzt?

„Maria, breit den Mantel aus ..."

Geistesabwesend beginne ich die Mittagsschicht. Gegen vier Uhr plötzlich ein Krachen – die Dreschmaschine steht still. Der Mechaniker kommt fluchend angerannt, schraubt die Schutzverkleidung vom Dreschsatz. Das Gestänge ist verbogen und zerbrochen. Der Russe fördert einen Stein von der Größe zweier Fäuste zutage. Wer hat das gewagt?

Schreckensbleich sehen sich die Deutschen an.

Sabotage?

Unmöglich. Nein!

Im Augenblick des Unglücks standen die Russen selbst zum Einlegen der Garben auf der Dreschmaschine. Ist der Stein im Herbst mit in die Garbe gelangt und nicht mal beim Lösen des Bindfadens herausgefallen? Die Spekulationen wollen kein Ende nehmen.

„Morgen kommt niemand zur Arbeit. Erst Montagfrüh", lautet die Anweisung des Aufsehers.

Auf dem Heimweg wird der Fall lebhaft diskutiert. Nur ich beteilige mich nicht. Für mich steht fest: In dieser Nacht suche ich das Weite …

Meine Gastfamilie ist bestürzt.

„Wie wollen Sie das je schaffen? Muten Sie sich doch die Strapazen nicht zu! Wohin wollen Sie überhaupt?"

Ja, wenn ich das wüsste.

Die Kinder organisieren eine alte Autokarte. In Rothfließ wohnt die Schwester meiner Mutter mit ihrer kinderreichen Familie. Nein, der Weg ist nicht zu empfehlen. Später stellt sich heraus, dass der Onkel von den Russen mitgenommen worden und Tante Martha an Typhus gestorben ist. Von der Familie von Vaters ältester Schwester ist niemand mehr am Leben. Die einzige Tochter, Klärchen, deren Mann Weihnachten an der Ostfront gefallen ist, wollte den Russen nicht zu Willen sein und wurde vor den Augen der Eltern erschossen. Den Vater verschleppten die Russen nach Sibirien, die Mutter verhungerte. Vaters zweite Schwester verzichtete wegen der 89-jährigen Großmutter auf die Flucht und trug sie schließlich zu Grabe. Ein Russlandheimkehrer überbrachte ihr den letzten Gruß ihres in Sibirien umgekommenen Mannes. Sie musste noch die Todesnachricht ihres Sohnes verschmerzen, dem eine Mine beide Arme und Beine abgerissen hatte – da erlag sie schließlich einem Krebsleiden.

Soll ich mich nach Nerwigk durchschlagen? Mein Vater ist dort zuletzt Lehrer gewesen. Gerade deshalb könnte es für mich gefährlich werden. Zwei Kilometer weiter wohnte der Pächter des Schullandes. Über Nebenstraßen kann man wohl dorthin kommen. Doch die Autokarte ist alt, sie führt polnische Ortsnamen auf, die im Dritten Reich gewiss geändert worden sind. Ich mache mir eine Liste mit Ortsbezeichnungen. Herbert nagelt Lederstreifen unter meine brüchigen Schuhsohlen. Meine Wäsche stopfe ich in einen Salzsack, nähe zwei Gürtel als Tragriemen daran. Frau Margarethe packt ein halbes Brot in die Segeltuchtasche sowie ein Stück vom geräucherten Schinken, den die Plünderer bisher nicht gefunden haben.

Abschied. Er fällt mir nicht leicht. Mit den Kindern und Erwachsenen fühle ich mich verbunden. Die Ereignisse der letzten Wochen haben uns aneinandergeschweißt. Ich gehe, wie ich vor einem Vierteljahr gekommen bin, spurlos.

„Schlafen Sie noch ein paar Stunden", rät Frau Margarethe. „Ich kann ohnehin kein Auge zutun. Beim ersten Morgengrauen werde ich Sie wecken." Die Tränen rinnen ihr übers Gesicht.

Den Rucksack auf den Schultern, das schwarze Plüschcape darüber, in der einen Hand die Provianttasche, in der anderen den Rosenkranz, so verlasse ich im Dämmerlicht das Haus.

Der Bauer Z. ist schon auf den Beinen.

„Gehen Sie fort?"

„Ja, für immer."

Er wird notfalls bestätigen, dass sich das „Fräulein" nicht mehr im Dorf versteckt hält.

An Frischs Hof vorbei. Durch den Forst nach Schwarzwalde. Ich durchwandere das schlafende Dorf. Wieder Wald. Auf einer Lichtung ein Fuchs. Die Vögel beginnen zu singen. Ich bin frei!

Die ersten Sonnenstrahlen verwandeln den Tau in funkelnde Diamanten. Ich spüre, dass ich nicht allein bin. Der Schutzengel geht mit. Der Wald tritt zurück. An der Landstraße steht eine Frau. Sie schaut mich an.

„Was tun Sie denn hier so früh?"

„Ich will weg. Weg von den Russen."

„Um Gottes willen! Wie können Sie die Straße entlanggehen? Die Russen werden gleich mit ihren Fahrzeugen unterwegs sein. Kommen Sie mit!"

Ein Feldweg führt über Hügel auf ein versteckt gelegenes Gehöft zu.

„Was wollten Sie so früh an der Chaussee?", frage ich.

„Etwas hatte mich geweckt. Ich war unruhig. Es ließ mich aufstehen und hinausgehen. Mir ist so etwas noch nie passiert. Dann traf ich Sie. Sie müssen unter einem besonderen Schutz stehen."

Die Kinder der Frau, zwei Mädchen und ein Junge, sowie ein Mädchen aus der Nachbarschaft verstecken sich tagsüber im Dickicht. Zunächst verbargen sie sich in einer Kammer mit einer Tapetentür. Bis ein Russe sie entdeckte …

Wir frühstücken, dann gehen wir mit Körben und Decken in den Wald. Das Geräusch schwerer Lastautos dringt von der Landstraße herüber. Im Fichtendickicht gibt es eine kreisrunde Lichtung von ungefähr drei Meter Durchmesser. Die Mädchen breiten die Decken aus. Bücher und Handarbeiten vertreiben uns die Zeit. Der Junge beobachtet die Gegend mit seinem Feldstecher.

Es ist Sonntag.

In Gedanken bin ich bei der hl. Messe.

Am Abend kehren wir zum Hof zurück. In der Nacht will ich meinen Weg fortsetzen. Die Bäuerin bietet mir an, bei ihr zu bleiben. Sie hat gehört, dass sich die Alliierten gegen Russland verbünden, um den Bolschewismus zu besiegen. Lange könne es nicht mehr dauern. Ich bin unruhig. Mich treibt es weiter.

Im Schutz der Dämmerung mache ich mich auf den Weg.

Ich muss aufpassen. Die Augen eines Luchses haben. Auf jedes Geräusch, auf jede Bewegung, jeden Schatten achten. Die Landenge zwischen den Seen ist wahrscheinlich bewacht und somit gefährlich, andererseits ist das Wasser um diese Jahreszeit zu kalt, um es durchschwimmen zu können. Die Sterne stehen zu Tausenden am Himmel, als ich zu der Stelle komme, wo die Straße fast die ganze Breite des Dammes zwischen den sumpfigen Gewässern einnimmt. Gewöhnlich steht hier ein Posten; so war es auch zur Wehrmachtszeit.

Ich ducke mich gegen die Böschung und schleiche vorsichtig vor. Es bleibt still. Auf der anderen Seite kein Mensch! Ich atme auf. Zuversichtlich marschiere ich auf die nächste Ortschaft zu: Weißenburg. Im Gehen dicht an den Häusern entlang, um nicht aufzufallen. Einmal trete ich erschreckt in den Schatten eines Zaunes. Aufgeregte Stimmen durchbrechen die Stille, ein Hund schlägt an. Als Ruhe einkehrt, warte ich noch eine Weile. Dann taste ich mich dorfauswärts und fühle mich erst vom Albdruck befreit, als ich das offene Land vor mir habe. Der Rosenkranz in meiner Hand ist ein treuer Gefährte.

Doch mehr als ein „Ave" schaffe ich pro Stunde nicht. So angespannt sind meine Sinne, die sich ganz auf meine schweigende, dunkle Umwelt eingestellt haben. Ich weiß, ich gehe an der Hand der Gottesmutter.

Die Silhouette eines anderen Dorfes zeichnet sich am nächtlichen Himmel ab. Ich habe mir vorgenommen, es weiträumig zu umgehen, um vor Überraschungen sicher zu sein. Also biege ich nach rechts in einen Feldweg ab. Das Gras ist nass, die Schuhe sind bald durchgeweicht. Ich muss über Entwässerungsgräben springen und Weidezäune übersteigen. Das Gepäck drückt und hindert, das schwarze Cape bleibt im Stacheldraht hängen. Plötzlich werfen Scheinwerfer Strahlenbündel in die Nacht. Ich bin der Landstraße zu nahe gekommen. In Schweiß gebadet, werfe ich mich flach in das taufrische Gras. Das Auto fährt vorüber.

Ein neuer Feldweg verläuft geradewegs Richtung Westen. Ich blicke zu den Sternen, deren Licht sich im Wasser der Granattrichter und Gräben spiegelt. Zerschossene Bäume flankieren die Strecke, die ich jetzt zurücklege. Am fernen Horizont tasten Scheinwerfer den nächtlichen Himmel ab, ein dumpfes Dröhnen antwortet dem Artilleriebeschuss. Ist der Krieg noch nicht zu Ende? Der Weg ist mühsam. Schweiß läuft mir ins Gesicht. Durst. Kann man das Wasser in den Granatlöchern am Weg trinken? Und wenn es verpestet ist?

Die Sterne werfen ihr silbernes Licht auf die Dächer in einer Talmulde und die Wipfel dunkler Baumriesen. Der Weg wird breiter und führt an einem zweistöckigen Landhaus vorbei. Ich bin müde. Vielleicht wohnen hier Menschen, die mir für den Rest der Nacht ein Plätzchen in einer Stube einräumen? Ich habe eine Weile nicht richtig geschlafen. Ich klopfe. Die Tür ist verschlossen.

Das Fenster auch. Es bleibt still. Links eine Gartenlaube. Ich räume die Bank ab und versuche, mich auszustrecken. Bald spüre ich, wie ich allmählich steif werde und die raue Nachtluft mich frieren lässt. Der Himmel rötet sich im Osten. In unmittelbarer Nähe springt der Motor eines Lkw an. Russen! Eine Kolonne setzt sich in Bewegung. Wenn mich die Soldaten erwischt hätten?

Seitlich am Haus führt eine Tür in den Keller. Die Scharniere fehlen, so schiebe ich die losen Bretter beiseite. Die Gewölbe sind leer, ausgeplündert oder ausgeräumt. Da, Schritte auf der Treppe! Ich kauere mich neben einen Haufen Kartoffeln. Eine rauhe Stimme fährt mich an: „Was hast du hier zu suchen? Draußen, in den Mieten, gibt es genug Kartoffeln zu essen. Musst du auch noch in fremde Häuser einbrechen?"

Ein zorniger alter Mann steht vor mir. Ich versuche, ihm meine Lage zu erklären.

„Dumme Gans! Du musst wissen, dass man heutzutage kein Herrenhaus mehr betreten darf. Hier ist ein Durchgangslager für Russen. Zum Glück blieb es diese Nacht leer."

Er schimpft weiter, aber zugleich spüre ich, wie er meine Situation überdenkt.

„Gehe zu den armen Leuten, dort hinten, auf der anderen Straßenseite. Ich bin hier auch nur Gutsarbeiter. Ich werde nachkommen und sehen, dass du etwas zu essen bekommst."

Von der Hofseite her erreiche ich das lang gestreckte Insthaus. Eine Frau ist beim Wäschetrocknen. Sie bittet mich ins Haus. Vier, fünf Kinder spielen am Boden, halb nackt. Die Frau richtet ihnen das Frühstück. Ihr Mann ist im Krieg. Solange das Vieh noch im Hof war, brauchte niemand zu hungern. Doch jetzt … Sie lädt mich zu einem Butterbrot und einer Tasse Milch ein. Ich mache das Kreuzzeichen, die Frau auch, nach einigem Zögern. Der Glaube macht uns zu alten Bekannten …

Wir räumen auf, dann bietet sie mir ihr Bett an. Zur Sicherheit lässt sie eine Falltür zum Keller auf. Wenn Russen kämen, solle ich dort hinuntersteigen.

Mittags gibt es Pellkartoffeln und Quark. Ich helfe, die Kleidung der Kinder instandzusetzen. Viel Brauchbares ist nach den Plünderungen nicht geblieben. Ob ich nicht bleiben und die Kinder versorgen wolle? In einem Monat werde wieder ein Baby in der Wiege liegen. Zudem beginne bald die Feldarbeit.

Ich muss weiter, nach Westen …

Bei Einbruch der Nacht geleitet mich die Instfrau bis zu einer Abzweigung, die ins nächste Dorf führt. Mit wenigen Worten erklärt sie mir den weiteren Verlauf der Route, die ich wählen soll. Der schmale Feldweg führt sanft einen Hügel hinan. Von jenseits der Kuppe zerreißen Signalschüsse und Schreie die nächtliche Stille. Von der Höhe aus sehe ich auf der Heerstraße endlose Rinderherden dahintrotten, die das Begleitpersonal Richtung Osten treibt. Die Milchkühe brüllen dumpf. Wie viele Säuglinge und Kleinkinder werden jetzt ohne Nahrung sein?

Ich muss stundenlang warten, so lang ist der Zug. Endlich liegt das Dorf vor mir. Es wirkt ausgestorben im blassen Licht des Mondes. Die Frau hat mir geraten, bei der Schmiede abzubiegen. Links? Rechts? Ich weiß es nicht mehr. Ich gehe nach rechts, doch der Weg mündet nach einer Weile wieder in die Hauptstraße unweit der Stelle, die ich vorhin überquert habe.

Der Feldweg, den ich jetzt nehme, führt nach kurzer Zeit über einen Bauernhof. Gespenstisch dunkel wie leere Augenhöhlen wirken die geöffneten Fenster und Scheunentore. Ich spüre eine Gänsehaut. Ob noch Leichen herumliegen?

Der Weg verliert sich im moorigen Ufer des Sees. Ich komme nicht weiter. Hinüberschwimmen? Die Mainacht ist kalt. Wie soll ich die nasse Kleidung trocknen? Also zurück! Das Roggenfeld, das ich überquere, ist taufrisch. Links der See, rechts die Straße. In der Ferne der dumpfe Knall der Signalschüsse. Ein Bach. Wie tief? Durchwaten? Der untergehende Mond beleuchtet im Hintergrund schemenhaft eine Brücke, die das weite Tal überspannt. Brücken sind meist bewacht. Ich pirsche mich heran, steige die Böschung hinauf, horche. Meine an das Dunkel gewöhnten Augen sehen nur das Zementgeländer und zwischen ihm eine leere Straße. Weiter! Doch jetzt weg von der Chaussee! Ich nehme den erstbesten Feldweg. Er endet in einer Kiesgrube. Zurück. Mitternacht ist vorüber.

Ein Dorf. Ich kenne seinen Namen nicht. Ich recke mich, um den Wegweiser an der Kreuzung zu entziffern. Ein Hund schlägt an, andere fallen ein. Stimmen werden laut. „Maria, breit den Mantel aus!“ Ich verhalte mich ruhig. Als die Stille zurückkehrt, folge ich dem Weg in einen Nadelbaumwald. Der Boden ist sumpfig. In den ausgefahrenen Spuren steht Grundwasser. Ich gehe, ohne auf meine nassen Füße zu achten. Ich gehe, ohne der Müdigkeit Raum zu geben. An der Wegbiegung liegt eine Försterei. Ich wage mich nicht in ihre Nähe. Wenige Minuten später komme ich an einem Arbeiterhaus vorüber. Ob hier noch Menschen wohnen? Ich überlege, was ich tun soll. Vorsichtig spähe ich durch ein Fenster. Rums! Ich trete versehentlich auf einen Deckel, der schwappt hoch, und mein Fuß versinkt in der Jauchetonne. Mir ist zum Heulen zumute. Ich drücke die Türklinke – verschlossen –, klopfe leise, dann heftiger ans Fenster. Ein Mann streckt seinen Kopf heraus. Ob ich bis morgen bleiben dürfe? Nein! Doch dann überlegt er es sich und öffnet die Tür.

Ich strecke mich auf der Ofenbank aus. Die Familie schläft auf dem Boden. Betten gibt es nicht mehr; sie sind den Beutezügen der Russen zum Opfer gefallen.

Am Morgen ist der Mann zugänglicher. Als ich nachts klopfte, dachte er an sowjetische Soldaten. Einmal haben sie ihm die Tür eingeschlagen. Überhaupt dürfe ich nicht hierbleiben, denn dieser Weg diene zum Abtransport der Rinderherden. Auf der Straße liefen sie sich zu schnell die Hufe ab.

Ich bin nicht weit von Giesenau entfernt; das Dorf steht auf meiner Liste. Nach dem kargen Frühstück aus Roggenschrot und dünnem Mus, das mir seine Frau vorsetzt, begleitet mich der Mann ein Stück durch den Wald.

Ich habe ein Bad nötig. Das Unglück mit dem Jauchefass hat seine Spuren hinterlassen. Durch die Bäume blinkt der ruhige Spiegel des Sees. Das Stück Seife schmilzt, ich werde mich nicht mehr alle Tage damit waschen können.

„Nach Giesenau wollen Sie?"

Die rundliche Bäuerin unterbricht das Kükenfüttern und kommt mir bis zum Hoftor entgegen.

„Was wollen Sie denn ausgerechnet da? Wissen Sie nicht, dass dort eine russische Kommandantur ist?"

Ich gehe mit ihr ins Haus. Die Bäuerin ruft ihre beiden Brüder herbei. Die Geschwister sind unverheiratet und bewirtschaften gemeinsam einen stattlichen Hof. Doch jetzt sind die Zimmer leer. Das gute Porzellan und Tafelsilber, das sie im Feld vergraben hatten, ist längst ein Beutegut der Russen geworden.

Als ich beim Mittagessen das Kreuzzeichen mache, stellt sich heraus, dass die drei ebenfalls katholisch sind. Unsere Gespräche werden herzlicher und vertrauter.

Der Abend naht. Ich will weiter. Die drei drängen mich, noch etwas zu bleiben. Die Russen im Dorf kämen nicht mehr, da nichts mehr zu holen sei. Und vor Fremden, die man von Weitem sehe, könne man sich gut verstecken. Gemeinsam beten wir den Rosenkranz. Dann breche ich auf. Die Bäuerin führt mich durchs Dorf. Die Soldaten stehen in Gruppen zusammen, reden und lachen. Die Bäuerin ist hier bekannt, viele Tiere waren zur Winterfütterung auf ihrem Hof.

Dann verabschieden wir uns. „Wir wollen füreinander beten. Die Gottesmutter halte Sie bei der einen, der Schutzengel an der anderen Hand."

Ich benutze die Straße. Eine Ausweichmöglichkeit gibt es jetzt nicht. Bald kommt mir eine Gruppe russischer Soldaten mit etlichen Frauen entgegen. Sie kichern. Ich lasse mich in den Straßengraben gleiten und rolle mich wie ein Igel zusammen. Aber sie haben mich bemerkt. Die Frauen lachen, die Männer beachten mich nicht. Erst als es völlige Nacht ist, wandere ich weiter. Mein Herz wird im Gehen frei. Ich spüre die Frische und Ausdauer wie am ersten Tag. Ein leiser Wind singt in den zerzausten Telefondrähten. Manche Schatten machen mir Angst. Was mag sich dahinter verbergen? Meist sind es zerschossene Militärfahrzeuge oder ausgebrannte Panzer, die mich irritieren.

Ich komme durch Dörfer, deren Namen mich schmunzeln lassen: zuerst Freitag, dann Sonntag. Im dritten Dorf klopfe ich zaghaft an ein Fenster, das ich einen Spalt geöffnet finde. Eine barsche Stimme fragt nach meinem Begehr.

„Russen?"

„Nein, ein Flüchtling."

Ich wage nicht, mich nach einer Bleibe zu erkundigen.

„Wie heißt das nächste Dorf?"

„Hohensee."

„Gibt es dort russische Soldaten?"

„Mein Gott, wo gibt es die nicht?", antwortet die Frau ungeduldig. „Aber derzeit werden Sie keine antreffen. Sie sind mit dem Viehtransport Richtung Osten."

Ich gehe weiter. Die Route führt durch einen kleinen Wald. Ich bewege mich mitten auf der Straße. Seitlich liegen einige Gehöfte verstreut. Im Dorf stehe ich vor der

Entscheidung, mich nach rechts oder links zu halten. Rechts war kürzlich verkehrt. Also wende ich mich nach links, dem See zu. Hinter der schadhaften Verdunklung eines einstöckigen Hauses brennt Licht. Ich klopfe ans Fenster. Stimmen reden drinnen durcheinander. Russen! Die Frau hat sich geirrt! Ich springe in die Dunkelheit, ducke mich an einen Zaun. Schon poltern Soldatenstiefel an mir vorüber. Schüsse zerfetzen die Stille. Dann kehrt Ruhe ein. Behäbig schmatzt das Wasser des Sees. Ich warte. Der Mond verzieht sich; bald wird sich der Morgen ankündigen. Im blassen Sternenlicht erkenne ich auf der anderen Seite des Zaunes ein kastenähnliches Gebilde. Als der Tag graut, schleiche ich hinüber. Ich stehe im Garten eines zweistöckigen, weiß gefugten Ziegelhauses mit ordentlichen Gardinen an den Fenstern. Russen? Die Deutschen haben gewöhnlich keine Vorhänge mehr. Der Kasten erweist sich als eine geräumige Hundehütte. Sie ist gottlob leer. Ich schiebe die Tasche durch das enge Loch und zwänge mich hinein. Ich packe das Schinkenbrot aus, das die Bäuerin mir mitgegeben hat, und frühstücke. Anschließend gedenke ich zu schlafen in der Gewissheit, hier sicherer und glücklicher zu sein als der Diktator Stalin im Kreml und im Schutz seiner siegreichen Truppen.

Ich habe noch nicht lange geschlafen, als mich aufgeregtes Geflüster weckt. Ein Schatten bewegt sich vor dem Eingang meines Verstecks. Nun sitze ich in der Falle, denke ich und sehe meine Flucht hinter Stacheldraht enden. Eine ältere Frau mit einem Russentuch um den Kopf späht zur Hundehütte herein und prallt bei meinem Anblick zurück. Wieder Getuschel. Dann beugt sich eine jüngere Frau vor und fordert mich in deutscher

Sprache auf, herauszukommen, sie seien Volksdeutsche, Flüchtlinge aus Weißrussland.

Wie haben sie mich entdeckt? Die Deutschen besitzen ein Huhn, das die Russen nicht eingefangen haben. Dieses Huhn pflegt die leere Hundehütte als Einest zu benutzen. Nun fand es den Platz besetzt und rannte flügelschlagend und aufgeregt gackernd vor meinem Versteck herum.

Wir drei müssen herzlich lachen.

Ich erzähle. Die Frauen können nicht begreifen, dass ich unbehelligt ins Dorf gelangen konnte; hier sei eine starke Besatzung einquartiert. Die Ausgänge seien ständig von Doppelposten besetzt. Und ich war unbehelligt mitten auf der Straße marschiert.

Ich erfahre das Schicksal einer Familie, deutschstämmiger Großgrundbesitzer und gläubiger Lutheraner, im Zwiespalt politischer und religiöser Konflikte. Der Vater liegt mit schwerem Nieren- und Blasenleiden zu Bett. Er streckt mir beide Hände entgegen: „Gott muss mit Ihnen sein." Die junge Frau hat zwei Kinder, ein etwa dreijähriges Mädchen mit ernsten blauen Augen und einen kleineren Jungen. Ihr Mann wurde von den Russen verschleppt.

Die Großmutter erzählt mir später, wie ihre Tochter unter den Soldaten leiden musste. Jetzt wird sie respektiert, aber die ersten Angehörigen der Roten Armee vergewaltigten sie bis zur Bewusstlosigkeit. Nun wütet ein Asiate im Dorf, der sich sogar an Kindern vergreift. Er hat die Syphilis eingeschleppt. Fast das ganze Dorf ist schon verseucht.

„Die Viehtreiberinnen tun mir leid", sagt die Großmutter. „Vor ein paar Tagen kamen wieder einige durchs Dorf. Sie können sich nicht mehr aufrichten, so gequält werden sie. Nicht einmal die Peitsche bringt die, die fallen, wieder auf die Beine. Für manche ist der Selbstmord der letzte Ausweg."

Abends, nachdem die Großmutter es zu Bett gebracht hat, betet das Mädchen kniend: „Lieber Gott, mach doch, dass die Russen die Mama nicht mitnehmen!"

Meine Gastgeberin führt mich über einen Ackerpfad zum Dorf hinaus. Die Russen stören sich nicht an uns, denn sie kennt eine Reihe Besatzungstruppen persönlich. Schon auf freiem Feld, kommen uns noch einmal zwei Soldaten entgegen. Der erste grüßt und will vorüber, doch der zweite beginnt, mich misstrauisch musternd, ein Gespräch:

„Wohin so spät, Großmutter?"

„Es ist so schönes Frühlingswetter, da machen wir einen Spaziergang."

Sie spricht außer Deutsch und Tschechisch auch Russisch. So entgeht ihr nicht, wie der zweite Soldat unruhig wird und auf den ersten einzureden versucht. Schließlich gelingt es uns, weiterzugehen. Meine Gastgeberin gibt mir ein paar Verhaltensmaßregeln, welchen Weg ich wählen, welche Gegend ich meiden soll, dann entlässt sie mich mit vielen guten Wünschen.

Ich warte im Schutz eines Feldrains, bis es vollends dunkel geworden ist. Dann schlage ich einen großen Bogen um einen Bauernhof, in dem Russen vermutet werden, und folge ein Stück der Straße. Querfeldein, in einem schon etwas kleineren Bogen um ein weiteres Gehöft, erreiche ich nach einer Weile wieder die Chaussee. Abermals bleibt alles still. In der Nähe des dritten Hauses, das ich in einem Halbkreis von etwa fünfzig Meter umgehe, vernehme ich plötzlich Stimmen. Drei Männer unterhalten sich, kaum zwanzig Schritte von mir entfernt, hinter einer Scheune. Ich werfe mich zu Boden. „Maria, breit den Mantel aus!" Sie haben mich nicht bemerkt, denn sie lachen und reden unbekümmert weiter. Nach Art der Rekruten robbe ich über das feuchte Feld, bis ich mich außer Gefahr glaube. Dort bleibe ich liegen. Die Stunden vergehen, aber sie werden mir im Zwiegespräch mit Gott nicht lang.

Endlich verzieht sich der Mond. Ich kann weitermarschieren, gebückt erst, weil ich fürchte, dass meine Gestalt sich gegen den Horizont abzeichnet, dann aufrecht. Doch weiter die Straße zu benutzen, fehlt mir der Mut. Zwischen dem See, der seine Wellen in regelmäßigem Rhythmus gegen das Ufer wirft, und der Straße ist ein schmaler Landstreifen, der mir sicherer erscheint. Mühsam erreiche ich den nächsten Ort.

Die Dorfstraßen laufen sternförmig auseinander. Wohin? Ich sehe Lichtschein hinter einem Fenster. Klopfe. Augenblicklich verlischt es. Wieder klopfe ich. Ein Fensterflügel öffnet sich zögernd.

„Russkij?"

„Nein, ich bin ein Flüchtling."

Ich schlüpfe durch die Tür, die einen Spaltbreit aufgeht. Eine Petroleumlampe erhellt notdürftig den niedrigen Raum. Eine junge Mutter – ebenfalls Flüchtling – stillt ihr Kind, das gerade acht Tage alt ist. Es hatte zu weinen begonnen, und die Mutter hatte Licht gemacht, um nachzusehen, was ihm fehlte. Der Lichtschimmer hat mich angelockt. Sie bieten mir in ihrem gemeinsamen Schlafzimmer ein Sofa für den Rest der Nacht an. Die ältere der Frauen berichtet von ihrer sechzehnjährigen Tochter, die die Russen verschleppt haben. Sie wiederholt immer wieder: „Wenn doch auch mein Kind einmal so zurückkäme …" Und sie nimmt sich vor, ihre Pflichten als Christin ernster zu nehmen, wenn nur Gott sich erbarmen wollte …

Die junge Frau verstehe sich auf seltsame Künste: Sie könne die Zukunft voraussagen. Ich bleibe skeptisch. Sie hat um den Tisch ein ausgeschnittenes ABC gelegt und in die Mitte ein Glas gestellt. Wenn man Fragen stelle, wandere dieses Glas von Buchstaben zu Buchstaben, bilde schließlich ganze Sätze, sodass man die Antworten nur aufzuschreiben brauche. Auf diese Art habe sie erfahren, dass die Tochter noch lebe, erzählt die ältere Frau. Sie nennt den Namen einer russischen Stadt. Manche Antworten hätten sich auf verblüffende Weise bestätigt. Ob ich nicht auch wissen wolle, wie es meiner Familie erginge?

Ich lehne ab.

Die Frau sorgt sich um mich, als ob ich ihre eigene Tochter sei. Die Nachbarskinder halten nach Russen Ausschau. Meine Gastgeberin kann es nicht fassen, dass ich auf dem Landstück zwischen See und Straße ins Dorf gekommen bin. Die Stelle sei vermint; kürzlich erst sei ein ortsunkundiger russicher Soldat in Stücke gerissen worden, und ein Wagen voller Mehlsäcke sei beim Rückwärtsfahren auf eine Mine geraten und in die Luft geflogen. „Sie müssen einen guten Schutzengel haben."

In der letzten Nacht bin ich nur zwei Kilometer weitergekommen. Als die Frau nun erfährt, was meine weiteren Pläne sind, schlägt sie die Hände über dem Kopf zusammen.

„Nein, da kommen Sie nicht durch. Die Russen haben die einzige intakte Bahnlinie zum Schutz vor polnischen Saboteuren und Partisanen gesichert. Überall befinden sich Posten und Streifen. Sie müssen übers Moor, wenn Sie sich nicht von ihrem Vorhaben abbringen lassen und eine Weile hierbleiben wollen."

Es ist Donnerstag vor Pfingsten. Wir verlassen das schlafende Dorf vor Sonnenaufgang. Die Frau geleitet mich ein Stück die Dorfstraße entlang, bis sie vor einem vergrasten Feldweg haltmacht. Von hier gehe ich allein weiter. Kurz vor dem Moor müsse ich die Eisenbahnlinie überqueren, sagt die Frau beim Abschied. Und Vorsicht! Die Posten!

Eine Kreuzung im Tal. Wohin jetzt? Lieber Gott, nur nicht wieder in die Irre! Ein Gehöft. Niemand antwortet auf mein Klopfen. Ich folge einem inneren Impuls und wende mich nach rechts, folge einem breiten Weg durch nasse Wiesen in den Wald. Einsam ist das Land um mich her. Kein Lebenszeichen. Eine verwüstete Gärtnerei erinnert wie die aufgedunsenen und halb verwesten Kadaver von Pferden und Kühen an die letzten Kampftage.

Vor mir im Tal liegt die Eisenbahnlinie. Ich verlasse den Weg vorsichtshalber und nähere mich langsam und gebückt dem Bahndamm. Auf dieser Seite der Böschung ist niemand zu sehen. Mit vier, fünf Sprüngen rasch über die Schienen und auf der anderen Seite wieder hinab! Es bleibt ruhig. In gebückter Haltung erreiche ich wieder den Weg. Die Sonne geht auf und breitet das Moor fast unübersehbar weit vor mir aus. Auf der weiten öden Fläche Kniegehölz und Gestrüpp. Doch kein Hinweis über den Verlauf eines festen, gangbaren Pfades. In den tief eingeschnittenen Wagenspuren steht brackig das Wasser. Beim ersten Schritt schon quillt es braun und fleckig auf und schwappt in die Schuhe. Stechmücken fühlen sich herausgefordert und überfallen mich zuhauf.

Aus der Ferne löst sich aus dem Dunst der Morgenfrühe ein Dorf, das sanft aus der Ebene einen Hügel hinansteigt. Rudau. Der Moorweg endet in der Dorfstraße. Ich poche an die Tür des ersten Hauses. Nichts. Keine Antwort. Die Türklinke gibt nach. Das Haus ist sauber und aufgeräumt. Doch niemand ist zu sehen. Im Nachbarhaus das gleiche Bild. Ich klopfe an die dritte, an die vierte Tür. Eigenartig! Die ganze Straße ist unbewohnt. Auf der Höhe des Hügels treffe ich in einem Haus endlich auf eine Frau mit zerzaustem Haar. Zunächst verschlägt es ihr die Sprache, eine Fremde hier zu sehen, dann, in der Küche, erzählt sie stockend: „Seit acht Tagen wartet das Dorf auf ein Kommando Russen mit einem Viehtransport. Alle Bewohner mussten die Häuser in Ordnung bringen und die Zimmer für die Besatzung bereithalten. Doch jetzt bleiben sie aus."

Ich sehe mich um. Die Küche ist unordentlich, das Lager auf dem Fußboden schlampig. Ich habe die Frau aus dem Schlaf geschreckt.

Sie hat ihre Haare mit Papierschleifchen aufgedreht. Sie fühlt sich krank. Ich will hier nicht lästig werden, frage, wo ich mich einen Tag vor den Russen verstecken kann. Im Dorf keinesfalls. Das Kommando könne jede Stunde kommen. Etwas außerhalb, bei den Abbauten, ja, dort könne ich unterschlüpfen. Aber vor dem alten Kommunisten, einem Deutschen, den die Russen zum Ortskommissar ernannt haben, müsse ich mich in Acht nehmen.

Nachdenklich gehe ich durch den Ort. Hier bin ich geboren worden, obgleich ich keine Erinnerung mehr an die Heimat habe. Dort oben in der katholischen Schule hatte mein Vater 1920 nach seiner Flucht aus französischer Kriegsgefangenschaft seine erste Anstellung als Lehrer erhalten. Hier hatte er geheiratet. Als ich zwei Jahre alt war, ging ein Wunsch meiner Mutter in Erfüllung: Weg aus dem „Zigeunernest", in dem sie sich nicht wohlfühlte. – Heute gibt es keine Zigeuner mehr. Dafür hat das Naziregime gesorgt.

Ein älterer Mann kommt mir auf der Straße entgegen, spricht mich an. Er sei der Ortskommissar. Ausgerechnet!

Woher ich komme, wohin ich wolle. „Aus Mondtken", antworte ich, vermeide den wahren Geburts- und Wohnort anzugeben. In Mondtken hatten wir zwölf Jahre gewohnt.

„Aus Mondtken? – Da kennst du sicher auch den Behrendt?"

„Ja, den kenne ich."

Papa war überall beliebt gewesen.

„Bist am Ende seine Tochter, was?"

„Nein!", lüge ich.

„Nun, ich rate dir, lass dich von den Russen nicht erwischen. In den Abbauten drüben kannst du dich verstecken. Dort sind schon andere Flüchtlinge untergekommen."

Eine Falle?

Warum habe ich gelogen?

Ist mein Gottvertrauen plötzlich so klein? Ich nehme zu spät wahr, dass ganz in meiner Nähe ein Lastauto mit sowjetischen Soldaten die Straße kreuzt.

Eine große, robuste Bäuerin ist gerade bei der Wäsche, als ich den Bauernhof betrete. Sie bereitet mir in der Stube etwas zum Frühstück. Ein Mann und eine Frau gesellen sich zu uns. Zwei Flüchtlingsfamilien, so erfahre ich, haben auf dem verlassenen Gehöft Unterschlupf gefunden.

„Wenn die Lage sich nicht bald ändert, gehen wir alle vor die Hunde", seufzt die Bäuerin und beginnt bitterlich zu weinen. Einen Tag zuvor hat sie die Nachricht vom Tod ihrer jüngsten Tochter erhalten, des einzigen Kindes, das die Russen noch nicht veschleppt hatten. Das Mädchen war dreizehn Jahre alt, für sein Alter stark entwickelt. Es musste auf dem benachbarten Gutshof für die Russen arbeiten. Angeblich habe sich ein Schuss aus einem abgestellten Gewehr gelöst und das Mädchen getroffen, so hieß es. Die Bäuerin durfte die Leiche nicht mehr sehen; die Russen hatten sie schon verscharrt.

Der anderen Frau stehen die Tränen in den Augen. Ein Soldat, der die Gegend unsicher macht, hat sich an ihrem fünfzehnjährigen Sohn vergangen. Er musste ihm als Kutscher dienen. Jetzt ist er krank zurückgekommen. Die Mutter öffnet die Tür zum Nebenraum. Ein blasses, scheues Gesicht blickt mich an.

Die Straße schickt ihre Geräusche ins Haus. Der Bauer wiegt bedenklich den Kopf. „Sie sollten hier nicht bleiben. Wenn man Sie entdeckt ... Es vergeht fast kein Tag, ohne dass herumvagabundierende Soldaten das Haus auf den Kopf stellen. Wir räumen erst gar nicht mehr auf. So sehen sie gleich, dass andere vor ihnen da waren und bereits alles mitgenommen haben." Als Versteck empfiehlt er eine strohgedeckte Kate im Tal. Zwei alte Leutchen nehmen mich dort herzlich auf. Die Heiligenbilder an der Wand erinnern mich daran, dass hier die Grenze zum katholischen Ermland verläuft. Im Laufe des Vormittags ziehen endlose Viehkolonnen und Soldatentrupps über die vielleicht einen Kilometer entfernte Landstraße. „Wenn du einen Tag später aufgebrochen wärst – du wärst ihnen in die Arme gelaufen", meint die alte Frau.

Nach dem Mittagessen schlafe ich, während die Frau wacht. Nach Tagen kann ich wieder einmal die Schuhe von den Füßen ziehen. Sie sind voller Blut. Die Nägel der Sohlen haben sich durchgedrückt. Das Leder ist hart und brüchig von der ständigen Feuchtigkeit. Ich reiße ein Taschentuch in Streifen und verbinde die Zehen, von denen sich die Haut gelöst hat. Einmal an diesem

Nachmittag erscheinen Russen in der Kate. Doch die alte Frau hat gut aufgepasst und mich rechtzeitig im „Häuschen“ im Garten versteckt.

Vor Einbruch der Nacht erreiche ich Schönau. Hinter dem Dorf beginnen die Staatsforsten, die sich endlos über die sandige Moränenlandschaft hinziehen. Ich fürchte, mich im Dunkeln zu verlaufen und frage im erstbesten Haus nach einer Bleibe für die Nacht. Man schickt mich zu einem Haus am Berg, doch ein alter Mann verwehrt mir den Einlass.

„Vor den Russen verstecken, weil du ihnen weggelaufen bist? Willst du denn die anderen in Gefahr bringen? Das gibt's nicht! Ich habe genug Prügel gekriegt. Noch einmal halte ich meinen Buckel nicht für Fremde hin. Dort unten in dem grauen Haus wohnt eine Frau, die wird Platz für dich haben.“

Die Frau in heller Flanellhose und eng anliegender Polobluse stützt sich auf den Gartenzaun und sieht mich erwartungsvoll an. Als ich ihr sage, man habe mich wegen einer Herberge für die Nacht zu ihr geschickt, lächelt sie hintergründig. Sie hat eine üppige Figur mit runden, nackten Armen. Als ich ihr ins Haus folge, sagt sie: „Bei mir passiert nichts, es sei denn, man wird vergewaltigt. Aber das geschieht in diesen Tagen ja überall.“

„Nicht überall“, erwidere ich.

„Nun behaupten Sie nur, das sei Ihnen noch nicht passiert!“

„Nein.“

Zwei junge Mädchen, die sich neugierig um uns drängen, beginnen zu kichern. Die Frau schickt sie hinaus.

„Wie alt sind Sie denn?“

„Einundzwanzig."

Sie fasst nach meiner Hand. „Sind Sie verlobt?"

„Nein."

„Dann begreife ich Sie nicht."

Das Gespräch wird ernst, schließlich beginnt die Frau zu schluchzen. Sie ist verheiratet, ihr Mann ist in Russland. Die Russen gehen bei ihr ein und aus. Sie ist syphiliskrank. Die Kommandantur habe Befehl gegeben, die Frauen zu erschießen, die sowjetische Soldaten anstecken.

„Ich werde erschossen", sagt die Frau tonlos.

„Kommen sie jede Nacht – die Soldaten?"

„Nicht jede. Deshalb können Sie bei mir schlafen, ich halte Ihnen die Kerle vom Hals."

„Nein, ich gehe lieber fort."

Die Frau nickt. „Vielleicht ist es besser so. Ich will nicht schuld sein, wenn Ihnen etwas geschieht."

Am späten Abend finde ich endlich eine Unterkunft. Aus dem Hintergrund eines Raumes höre ich das verzweifelte Weinen einer Frau.

„Wir sind alle verloren, alle! Mein Gott, warum? Mein Gott!"

Eine junge Frau liegt auf dem Bett und windet sich in Qualen. Eine andere, vielleicht die Mutter, versucht sie zu trösten.

„Sie ist dreiundzwanzig. Bis jetzt konnte sie sich vor den Russen verbergen. Aber heute sind sie gleich zu dritt über sie hergefallen. Sie kamen direkt auf das Haus zu, als ob sie jemand aufmerksam gemacht oder uns verraten hätte. Mein Gott, diese Bestien! Sind das überhaupt Menschen? Auf dem Gut in der Nachbarschaft haben sie gestern ein Mädchen erschossen, weil es mehrere Soldaten angesteckt habe."

Das dreizehnjährige Mädchen kommt mir in den Sinn. „Es hieß doch, aus einem abgestellten Gewehr habe sich ein Schuss gelöst?“

Die Frau blickt mich vielsagend an. „Ja, das sagen sie hinterher. Erst hat es sich mit den Kerlen eingelassen … Den Russen wird es noch einmal schlecht ergehen.“

Bis Buchental führt mein Fluchtweg fast nur durch Wald. Ich verhalte mich wie scheues Wild, das auf jeden Laut achtet, stehen bleibt, sobald es einen Schatten sieht oder eine unbestimmte Witterung aufnimmt. Ich suche den Schutz der Bäume, halte Ausschau nach Dickicht und Niedriggehölz, in dem ich notfalls verschwinden kann. Doch ich muss höllisch aufpassen: Die Front hat ihre Spuren hinterlassen. Blindgänger, Schrapnells und Handgranaten liegen auf dem Waldboden verstreut. Ich sehe zerfetzte Baumkronen und zerschmetterte Stämme.

Auf einer Waldlichtung sind Leute bei der Feldarbeit. Als sie mich sehen, winken sie und kommen angelaufen.

„Ist es wahr, dass die Engländer den Russen den Krieg erklärt haben?"

„Ich weiß nichts davon."

„Die Roten fürchten schon lange, von den Alliierten in die Zange genommen zu werden."

„Das habe ich gehört. Aber ich weiß nicht, was wahr daran ist. Wie es wirklich in der Welt steht – wer weiß es? Vielleicht ist der Krieg aus und wir haben keine Ahnung?"

Ich erkundige mich nach dem Weg nach Buchental. Niemand kennt einen Ort dieses Namens. Habe ich mich wieder verirrt?

Ich gehe weiter. Gegen Mittag kommt mir die Landschaft vertraut vor. Sind das nicht die Schwedenschanzen? Wenn ja, muss rechter Hand der Artungsee liegen. Ich biege in einen Feldweg ein und befinde mich schließlich in einer Kastanienallee, die zur Försterei Nerwigk führt. Buchental liegt nördlich von Nerwigk und ich nähere mich meiner Heimat aus südöstlicher Richtung. Also habe ich wieder einen Umweg gemacht. Das Jagdhaus ist verwüstet. Silvester noch haben wir hier das neue Jahr begrüßt! Die Kirschbäume stehen in voller Blüte. Die Natur verschwendet sich und die Menschheit zerstört sich selbst.

Ich verberge die Tasche und den Sack und gehe zum See hinunter.

Auf einem Sandhügel wohnt der Milchkutscher Klimmek. Von Weitem erkenne ich, wie sich jemand auf dem Hof bewegt. Ein Russe? Ich gehe vorsichtig näher. Der Kleinbauer Klimmek ist beim Holzhacken. Er blickt erst auf, als ich vor ihm stehe.

Wer ich sei, fragt er.

„Behrendts Irmgard."

Er schüttelt den Kopf.

„Du siehst heruntergekommen aus. Ich hätte dich nicht erkannt."

Ich erkundige mich, ob er etwas von meinen Eltern wisse.

„Deinen Vater haben sie erschossen. Was aus deiner Mutter geworden ist, weiß kein Mensch."

Ich stehe wie vom Donner gerührt. Später wird sich herausstellen, dass sich der Mann geirrt hat. Aber jetzt bricht die Welt für mich zusammen.

Der Bauer kratzt sich verlegen an den aufbrechenden Geschwüren an Hals und Arm. „Ja, die kommen von unserem guten Leben. Früher konnte ich mir kein Fleisch leisten. Aber heute? Während der Wintermonate habe ich das Vieh auf den verlassenen Höfen versorgt. Bevor die Sieger alles fortschleppten, habe ich mich reichlich bedient und in den eigenen Topf gesteckt."

Frau Klimmek schneidet ein Stück Speck in das Rührei. Während ich esse, erzählt sie, wie sie mit ihrem Mann den Einmarsch der Roten Armee erlebt hat. Wer überlebte, flüchtete sich zu den armen Seebauern. Dort lagen die Menschen eng wie Heringe im Fass aneinandergedrängt auf dem Boden. Wie oft werde ich die Geschichten von den unmenschlichen Vergewaltigungen noch hören müssen? Hinter dem Ofen, im Winkel, hatte ein Mädchen gehockt. Als die Soldaten es mitnehmen wollten, begann es so heftig zu weinen, dass die eigene Mutter es auf Polnisch ausschimpfte, es solle sich nicht so anstellen, die Russen täten ihm nichts. Das war selbst den abgebrühten Soldaten zu viel. Sie beschwichtigten das Mädchen und gingen. Beim nächsten Mal hatte es keine Scheu mehr, und heute brüste es sich damit, es habe mehr „mitgemacht“ als manche schon jahrelang verheiratete Frau …

Während wir noch zusammensitzen, fährt ein Wagen in den Hof. Ich möchte die Falltür, die in den Keller führt, öffnen, aber der Bauer stellt seinen Fuß darauf. „In meinem Haus versteckst du dich nicht. Meinst du, ich wollte deinetwegen Scherereien bekommen?“

Ein Russe kommt herein, hinter ihm ein aufgeputztes Mädchen in blauem Samtkleid. Ich trete scheu hinter die Bäuerin. Der Soldat durchwühlt Schränke und Schubladen, während seine Begleiterin vor dem Spiegel das strähnige Haar lockert und zu kämmen beginnt. Ja, sie habe jetzt ein angenehmes Leben, erklärt sie auf die Frage der Bäuerin, woher sie stamme. Sonst seien täglich ein halbes Dutzend von diesen Kerlen gekommen, jetzt erscheine nur dieser eine, und der versorge sie mit gutem Essen und mit Kleidung.

Der Soldat mustert mich. Er hat ein aufgedunsenes Gesicht.

„Warum du nicht arbeiten bei Ruskij?“

Bis vor Kurzem sei ich Scharwerkerin auf einem Gut gewesen, gebe ich zur Antwort. Er packt nach meinen Händen, besieht meine Handflächen. „So, du arbeiten bei mir?“, fragt er mit hämischem Lachen.

„Maria, breit den Mantel aus!“ Ruhig entziehe ich ihm meine Hände. Ein künstlicher Hustenanfall erschüttert mich. Es klingt echt. Das Mädchen ruft: „Siehst du nicht, dass sie krank ist? Schau doch, ihr blasses Gesicht!“

Die Luft ist rein! Ich muss raus, mich verstecken! Ich laufe den Hügel zur anderen Seite hinunter. Hier befindet sich ein über dem Wasser auf Pfählen erbautes Fischerhäuschen. Eine Holzbrücke überquert das Artungfließ, das hier den von Quellen gespeisten Waldsee verlässt. Hufgetrampel und Peitschenknallen lassen es ratsam erscheinen, mich in einer Fichtenschonung zu verbergen. Ich strecke mich unter den Zweigen aus, bis der Himmel von Sternen übersät ist. Nach bangen Stunden kehre ich zu Klimmeks zurück. Das Haus ist verschlossen. Schließlich öffnet der Hausherr auf mein zaghaftes Klopfen und weist mir einen Platz in einem kleinen Zimmer zu. Auf dem Metallbett liegen meine Sachen. Draußen sind noch immer Signalschüsse und Schreie zu hören.

„Viehtreiber“, erklärt der Bauer.

Ich werde zu Jagelkes übersiedeln. Dort bietet mein Aufenthalt mehr Sicherheit. Jupp Jagelke holt mich ab. Er ist struppig und unrasiert. Es fällt mir schwer, mit den langen Beinen meines spindeldürren Begleiters Schritt zu halten. Wir eilen über einen vergrasten, taufrischen Wiesenpfad. Es ist Pfingsten. Jupp ist vor vier Wochen heimgekehrt, aus russischer Kriegsgefangenschaft geflohen. Niemand im Dorf weiß, dass er da ist. Er haust in einem selbst erbauten Unterstand im Wald. Die Schwiegermutter versorgt ihn mit Lebensmitteln.

„Wenn du willst, kannst du dich in meinem Unterstand verstecken."

Heimat. Aus der Ferne sieht sie aus wie eine Blüteninsel. Vielen Gärten entströmt Fliederduft, denn es gibt wohl kaum ein Haus, vor dem die lila Pracht sich nicht entfaltet hat. Von rückwärts erreichen wir das Blockhaus, das Jagelkes bewohnen. Die Frau empfängt mich herzlich. Sie hat zu Pfingsten einen Kuchen gebacken, den muss ich probieren. Sie bringt Wäsche zum Wechseln, damit ich meine Sachen endlich einmal waschen kann. Nachmittags erscheinen Nachbarn, die ich gut kenne. Sie bringen „Rüpel" mit, einen unserer beiden schwarzen Langhaardackel. Wenn ich früher das Gartentor öffnete, gab es kein Halten mehr. Die Hunde stürzten mir entgegen, begrüßten mich mit überschwänglicher Freude. – Jetzt erkennt „Rüpel" mich nicht mehr. Er hat Angst. Nachdem meine Eltern geflohen waren, hatte er vor Trauer tagelang nicht fressen wollen, berichten die Nachbarn.

Das Schulhaus ist völlig ausgeraubt. Ortsfremde Flüchtlinge hatten sich kurz vor dem Zusammenbruch der Front dort einquartiert. Sie hausten wie die Vandalen. Später schleppten die Einwohner weg, was ihnen gefiel. Und jetzt räubern die Russen. Manche Leute haben kistenweise fremdes Eigentum vergraben. Die dreijährige Rosemarie hält „Hannelore" im Arm, meine Lieblingspuppe. Die Mutter hat ihr gesagt, dass die Puppe mein Eigentum sei und mir zurückgegeben werden müsse. Nein, die Zeit, um mit Puppen zu spielen, ist ein für alle Mal vorbei.

Ein Leinenkleid und ein Paar weiße Wildlederschuhe – das ist von unserem Besitz übrig geblieben …

Jupp Jagelke traut dem Frieden um uns nicht. Auf keinen Fall dürfe das Dorf erfahren, dass ich zurückgekommen sei. Und vor den „Roten", ja, vor denen müsse ich mich sowieso verstecken …

Es ist traurig bestellt um die Arbeiter- und Kätnerfamilien, die nicht geflohen sind. Die Russen haben alle jungen Menschen verschleppt. Auf dem Ernsthof hat sich ein Pole zum Gutsbesitzer erklärt. Die Frau F. vom „Polnischen Bahnhof", einer Bushaltestelle, wo wir die Räder abzustellen pflegten, wenn wir während der Sommermonate mit dem Schulbus nach Allenstein fuhren, wurde vom Staruch umgebracht, angeblich, weil sie ihn „angesteckt" hatte. Sie versuchte noch, vor ihrem Mörder davonzulaufen. Ein Schuss verletzte sie am Arm. Als der Staruch sie schließlich erwischte, musste sie ihr eigenes Grab schaufeln. Mit einer Kugel streckte er sie nieder und verscharrte sie dann. Wahrscheinlich lebte sie noch …

Die Spannungen zwischen der russischen Besatzung und der polnischen Bevölkerung nehmen zu. Es gibt blutige Auseinandersetzungen. Ein Mann aus Buchental hat sich einer Streife der Lubliner Polizei widersetzt. Kurzerhand verurteilt sie ihn zum Tode. Auch er muss sein eigenes Grab ausheben. Er war noch bei den Erdarbeiten, als Russen erschienen. Sie gaben dem Deutschen recht und erschossen den Polen.

Das Wetter scheint umzuschlagen. Während einer Regenphase ist es schwierig, sich im Wald zu verstecken.

Bei Jagelkes gibt es keinen sicheren Winkel im Haus. Immer wieder erscheinen Plünderer, weil sie im früheren Lebensmittelgeschäft verborgene Ware, vornehmlich Alkohol, vermuten. Frau Demske, eine Nachbarin, schlägt schließlich vor, in ihrem Schuppen unter dem Dach hinter einem Stapel Bretter unterzukriechen. Dort gebe es, von Heu verdeckt, einen Platz für eine schlanke Person wie mich. Sie selbst habe sich schon einmal dort versteckt, und die Russen hätten sie trotz ihrer Suchhunde nicht entdeckt. Wenn es dunkel sei, könne Maria, ihre zwölfjährige Tochter, mich ins Haus holen.

Leider haben mich einige Kinder gesehen. Ob sie sich nicht verplappern würden? Die kleine Rosemarie erklärt: „Ich sag's keinem. Und wenn einer sagt, sie ist da, dann sag' ich eben: ‚Ich habe selbst gesehen, dass sie nicht da ist.'"

Demskes kleiner Besitz liegt außerhalb des Ortes, wo sich die Wege von Buchental und Klausen zur Dorfstraße vereinen und die Zugänge von Ernsthof und Gillau überblickbar sind. Tagsüber hocke ich nun in meinem Versteck, nachts schlafe ich in Herrn Demskes Bett, der als verschollen gilt.

Pfingstmontag auf dem Dachboden. Ich habe Muße, mich in die Liturgie zu vertiefen. Wie oft bete ich die Sequenz „Veni, Sancte Spiritus" und das „Veni Creator". So werden die Stunden reich, auch wenn draußen der Regen prasselt und die Kälte durch die Dachsparren hereinzieht. Ich muss mir Bewegung verschaffen. So beginne ich zu tanzen. Mit der Zeit wird ein systematisches Balletttraining daraus. In Wachau zog ich nur gelegentlich verstohlen meine Spitzentanzschuhe an, jetzt verlege ich mich auf meine Spezialität: die Akrobatik. Wie viel Energie und Kraft dazu gehört, weiß nur, wer ebenfalls ausdauernd tanzt. Im Kinderballett nannte man mich scherzhaft „Jungleprinzess", weil ich einen geschmeidigen Körper und „keine Knochen" zu haben schien. Nun werden Gebet und Training Inhalt meiner einsamen Tage.

Die Zwiesprache mit Gott überträgt sich in sichtbare Formen, sie nimmt Gestalt an in den Bewegungen des Tanzes. Ich tanze für Gott. Doch zugleich verspüre ich immer stärker den Wunsch, ihm auch in der hl. Kommunion zu begegnen. Ich befinde mich jetzt im katholischen Ermland; die nächste Kirche ist ungefähr drei Kilometer entfernt. Aber es gibt keinen Priester mehr. So bleibt mir nur die Möglichkeit, mich an einem Bretterspalt meines dunklen Verstecks niederzuknien und dem Verlauf der hl. Messe anhand des Schott-Messbuches zu folgen. Irgendwo wird um diese Zeit bestimmt das hl. Messopfer dargebracht. Ich bin fest überzeugt, dass der Herr meinen Wunsch erfüllen wird.

Immer tiefer spüre ich, dass Gott eine Antwort von mir will: Bist du bereit, dich ganz in meinen Dienst zu stellen? Ganz, nicht halb, sondern mit der vollen Kraft und der Liebe deines Herzens? Bist du gewillt, die Aufgaben zu übernehmen, die irgendwo auf dich warten, an einer Stelle, an einem Ort, den ich für dich bestimme?

Ich habe mir vorgestellt oder eingebildet, nach den Jahren der ersten Erfolge eine glänzende Karriere als Tänzerin vor mir zu haben. Möglicherweise könnte ich meine beruflichen Ziele auch noch erreichen, vorausgesetzt, der Krieg wäre bald vorbei und die Verhältnisse normalisierten sich. Aber was ist „normal", was erstrebenswert? Kann nach diesem bestialischen Krieg und seinen grausamen Auswirkungen die Welt überhaupt wieder Fuß fassen und dem Chaos entkommen? Die politische Situation, die alte Ordnung – vorbei, dahin. Was wird folgen? Der Bolschewismus? Ein Sklavendasein unter sowjetischer Regie? Kann die Antwort auf die Herausforderung Gottes nicht nur ein bedingungsloses, ein vertrauensvolles „Ja" sein?

Der 24. Juni, rechne ich mir aus, fällt auf einen Sonntag. Das Fest des hl. Johannes. Und wenn ich an diesem Tag kommunizieren könnte? Eine fixe Idee, ein spontaner Gedanke?

Das Gerücht geht um, ein polnischer Geistlicher sei in der Gegend unterwegs und suche nach verschleppten Angehörigen. Die Einwohner erinnern sich an die Familie, die während der Nazizeit hier lebte. Frau Demske weiß, wann der Neupriester Primiz hatte. Wenn er am 24. Juni in Gillau den Gottesdienst feiern würde …?

„Aber selbst wenn er die hl. Messe feiert – Sie gehen nicht hin. Niemand darf merken, dass Sie hier sind", beschwört mich Frau Demske.

„Es wäre eine große Gnade. Ein halbes Jahr ist kein Priester mehr am Altar gestanden."

„Und was sage ich meinen Nachbarn? Seien Sie doch vernünftig!"

Ich weiß. Die Gefahr ist zu groß. Haben die Deutschen mich nicht damals in Wachau verraten, weil sie nicht ertragen konnten, dass ich von den Russen „verschont" geblieben war? Und welche Strafe drohte meiner Gastgeberin, wenn die Russen erfuhren, dass sie eine Fremde beherbergte? Vielleicht würde der Priester der Großmutter eine konsekrierte Hostie anvertrauen? Wunschdenken! Welchen Grund hätte er haben sollen, auf ein solches Ansinnen einzugehen?

Eines Mittags während des Essens, als Frau Demske meinte, die Luft sei rein und mich in ihr Häuschen gebeten hat, stürmen die Kinder herein: „Russen!"

Sie kommen geradewegs den Berg herunter auf das Anwesen zu, als wüssten sie, wen sie dort suchen müssten. Ich stürze panikartig hinaus, doch statt in den Schuppen laufe ich querfeldein auf ein paar hundert Meter entferntes Wäldchen zu. Frau Demske ist dicht auf den Fersen. Drei Russen haben uns gesehen. Zum Glück sind sie nur mit Karabinern bewaffnet. So müssen sie zwischen den einzelnen Schüssen stehen bleiben und zielen. Psst – psst!, sausen uns die Kugeln um den Kopf. Der Abstand zwischen uns und den Verfolgern verringert sich dennoch. Ich reiße die Holzschuhe von den Füßen und laufe barfuß. So geht es schneller.

Das Wäldchen bedeckt nur die Kuppe eines Hügels. Ich werfe mich hinter einem Baum auf den Boden.

„Ich bleibe hier!"

„Verrückt! Sie sind zu dicht hinter uns! Kommen Sie!"

Den Hügel hinab. Vor den letzten Bäumen stoppe ich wieder und kauere mich neben einen verkümmerten Holunderbusch.

„Wahnsinn!“, ruft Frau Demske. „Wir sind von Weitem zu sehen. Dort unten ist eine Schlucht. Da sind wir sicher.“

Eine ungeahnte Ruhe ergreift mich. „Ich bleibe hier. Sie finden uns nicht. Beten Sie zur Gottesmutter!“

Meine Begleiterin stimmt so laut ein Mariengebet an, dass ich erschrecke.

Die drei Russen durchforschen das Wäldchen, schießen und fluchen. Die Zeit vergeht. Am Tag darauf erfahren wir, dass die Soldaten in der Schlucht Frauen aufgestöbert haben, die sich dort verborgen hielten.

Neues Leid. Ein Kommando russischer Soldaten erscheint unverhofft mit Pferden und Wagen auf dem Besitz der Familie Demske. Das Haus wird für einen Offiziersposten requiriert, die Lage des Gebäudes ist äußerst günstig. Frau Demske nutzt die allgemeine Aufregung, um mir die Nachricht persönlich zu überbringen. Alle verfügbaren Frauen müssen beim Putzen und Einrichten helfen. Im Stall stehen bereits Pferde. Möbel und Vorhänge werden in der Nachbarschaft „organisiert“ und herangeschafft.

Was jetzt? Die Schwägerin, Frau Jagelke, werde mich aufnehmen, aber vorerst müsse ich mich ruhig verhalten. Haus und Hof seien voller Soldaten! Ja, selbst im Schuppen unter mir halten sie sich auf. Wir entwickeln einen Plan, wie ich ohne aufzufallen die Verstecke wechseln könne. Ein Teil des Jagelkeschen Hauses ist durch die Kriegseinwirkungen stark beschädigt worden. Hier befindet sich ein Raum mit einer Falltür zum Keller. Wir bringen Ordnung in das Verlies. Frau Jagelke hat einen Vorrat Schafwolle versteckt. Beim Stricken wird mir die Zeit nicht zu lang.

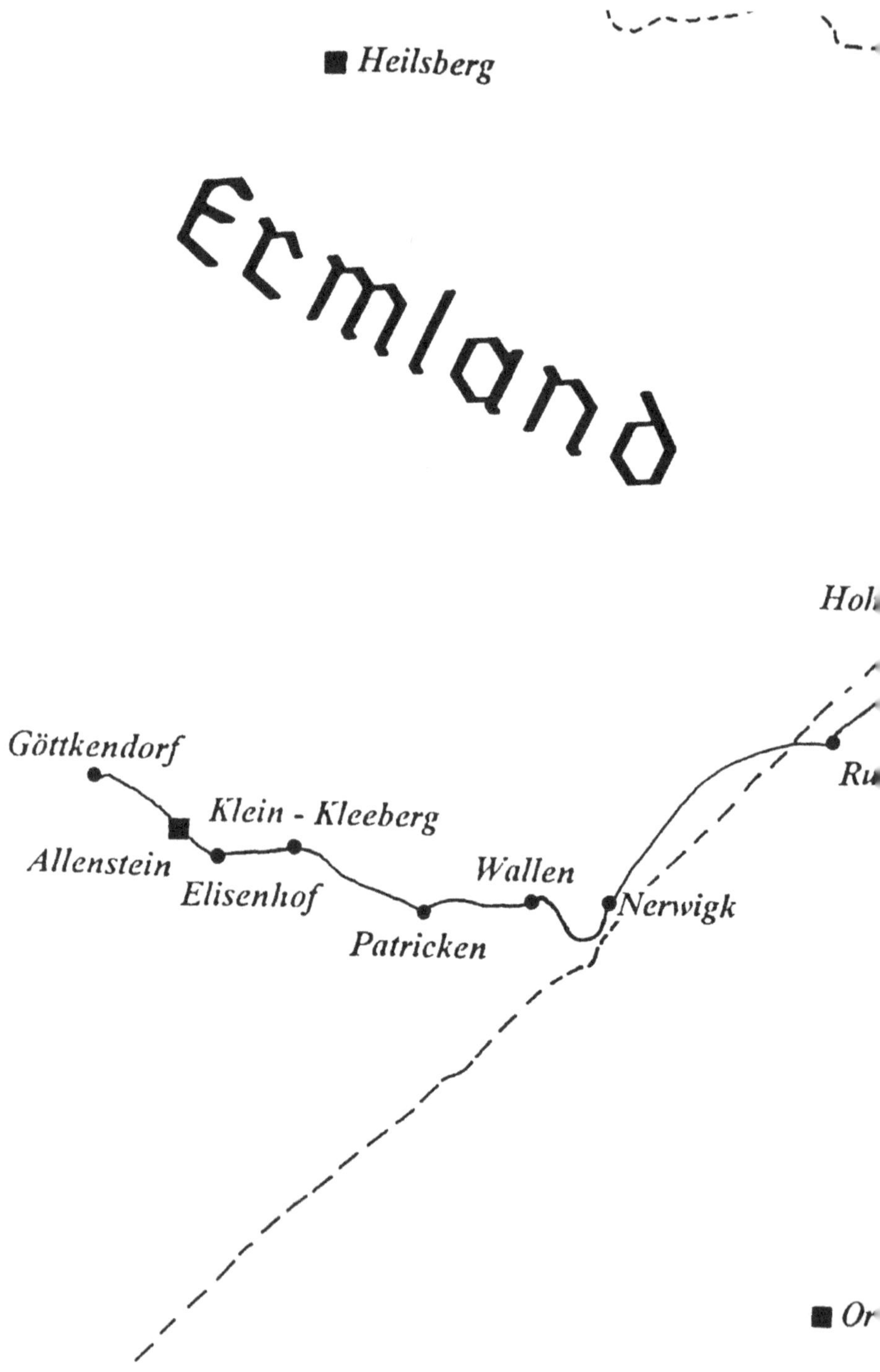
Heilsberg
Ermland
Hol
Göttkendorf
Klein - Kleeberg
Allenstein
Elisenhof
Wallen
Nerwigk
Patricken
Ru
Or

Der Leidensweg

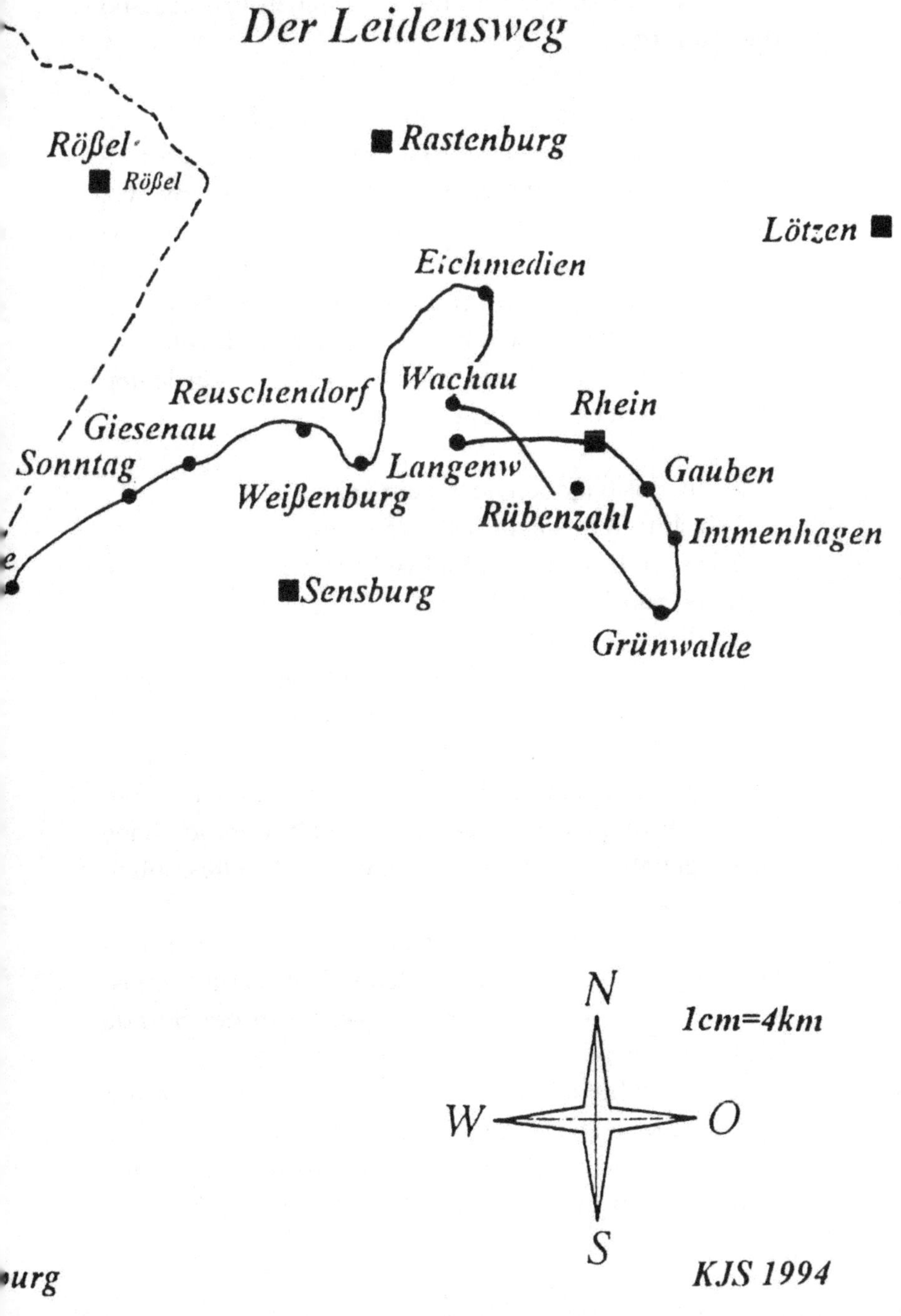

Kein Gedanke mehr an den polnischen Priester und den 24. Juni …

Abends, wenn Frau Jagelke mich besucht, höre ich vom Elend der Dorfbewohner. Erika, ein schmächtiges Schulkind aus dem Ernsthofer Insthaus, ist bei ihr gewesen, um nach Brennspiritus zu fragen. In ihrer Wohnung steigen fast alle Russen ab, die ins Dorf kommen. „Wenn die Mama nicht kann, muss ich hingehen. Wir sind schon beide krank", berichtet die verhärmte Tochter.

„Wenn ich ein sicheres Mittel wüsste, ich würde den armen Frauen helfen", sagt Frau Jagelke.

„Ja, aber …"

„Nein, das hat doch noch kein Leben!"

„Wir dürfen uns kein Richteramt anmaßen."

„Als sich die ersten Gräuel verbreiteten, haben einige Frauen einen Priester gefragt."

„Und?"

„Er hat gesagt, in solchen außergewöhnlichen Fällen dürfe man ruhig zusehen, dass man es gleich loswird."

Ich fühle mich nicht wohl bei dem Gedanken. Eine Privatmeinung kann gültiges Kirchenrecht nicht aufheben. Allerdings, ich bin auch nicht betroffen. Ich habe Glück gehabt. Ich spüre den Schutz der Gottesmutter, das Geleit des Schutzengels.

Und die armen geschändeten Frauen, die auch den Himmel bestürmt, die sich auch auf Gottes Hilfe verlassen haben …? Wo war ihr Schutzengel in der Stunde höchster Not …?

„Nehmen Sie mir die Offenheit nicht übel", beginnt Frau Jagelke wieder, „aber ich kann nicht glauben, dass die Russen sich nicht an Ihnen vergriffen haben. Ich weiß doch zu gut, wie es zugeht. Anderen gegenüber behaupte ich auch, ich sei bisher davongekommen. Eher hätte ich mich umbringen lassen, als von den Soldaten angerührt zu werden. Aber die wollen ja nicht unseren Tod, sie wollen die Schande."

Als ich schweige, fährt sie fort: „Meinem Mann habe ich es natürlich gesagt, als er heimkam. Die Russen hätten mich ja auch anstecken können."

„Und wie hat er es aufgenommen?"

„Er macht sich ein Vergnügen daraus, mich Hure zu nennen", seufzt die Frau mit Tränen in den Augen. „Nur die Scheidung könne seine besudelte Ehre reinwaschen ..."

In Demskes Anwesen hat sich ein junger Offizier einquartiert. Um ihr Eigentum im Auge zu behalten, bietet sich Frau Demske an, für Küche und Haus zu sorgen. Den ganzen Tag wird nun gebacken und gekocht, geschmort und geputzt. Neben dem Esszimmer hat der Offizier ein Liebesnest eingerichtet und zu seinem Vergnügen ein junges Mädchen aus dem Nachbarort aufgegriffen. Manchmal sehe ich die Kleine, wie sie in ihrem bunten Kleid am Hauseinang steht oder sich mit den Armen auf das Treppengeländer stützt.

Frau Demske versucht in einer günstigen Stunde einmal, ihm ins Gewissen zu reden. Aber der Offizier lacht sie nur aus. Die jungen Leute hätten sich von der Sklaverei altmodischer Hemmungen befreit. Und außerdem: Die „Rote Armee" brauche Nachwuchs. Dafür habe er in Polen bereits einschlägig gesorgt ...

Der Samstag vor dem 24. Juni verstreicht, ohne dass die Nachricht von einem Gottesdienst in den Ort gelangt. Und doch werde ich das Gefühl nicht los, der polnische

Priester werde in Gillau zelebrieren. Gegen Abend wird es schließlich zur Gewissheit: Ein kleines Mädchen erscheint bei Frau Jagelke und sagt, am nächsten Morgen sei um 8 Uhr eine hl. Messe.

„Wir gehen natürlich hin!"

Wie gut, dass ich nicht mehr bei Frau Demske unter dem Heuschoberdach wohne.

„Ich stehe früh auf und laufe quer über die Felder, dann wird mich niemand sehen. Und in der Kirche braucht sich ja niemand nach mir umzublicken."

Lange stehe ich vor dem Spiegel und versuche, mich unkenntlich zu machen. Es gelingt nicht.

„In einem Fall haben die Russen auch die Erlaubnis zum Gottesdienst gegeben. Als die Leute aus der Kirche kamen, wurden sie allesamt aufgeladen und verschleppt", seufzt Frau Jagelke.

Meine Sehnsucht nach der Eucharistie ist so groß, dass ich dieses Risiko eingehe. Ich muss zum Gottesdienst!

Ich knie in einer der kurzen Bänke auf der linken Seite der Kirche. Der Altar ist wie tot, die Kirche leer. Ein Irrtum? Ich vertiefe mich in die Messtexte. Manchmal knarrt das Portal. Es kommen Leute. Ein Priester im schwarzen Talar begibt sich in den Beichtstuhl. Ich gehe zu ihm. Er spricht Deutsch. Er ermutigt mich zu mehr Gottvertrauen.

Polnische Miliz bevölkert das Gotteshaus. Die Zivilpersonen sind in der Minderheit. Die Predigt ist nicht frei von politischen Parolen. Später erfahre ich, dass der Gottesdienst eigentlich nur für Militärpersonen gedacht war. Ich gehe zur hl. Kommunion. Dann lege ich ein Gelübde ab. Ich bin mir plötzlich so sicher, wie mein weiterer Lebensweg aussehen muss. Es ist mir, als wenn ein Vorhang weggerissen wird und ich Dinge sehe, die ich mit bloßem Auge und mit meinem Verstand allein nie hätte wahrnehmen können. Ich kann nicht in Worte fassen, was mich bewegt. Nur Klarheit, nur Weite erfüllt mich. Und diese Klarheit ist Wahrheit. Sie ist andererseits so erdrückend, dass ich Gott um Aufschub bitte, bis ich seinen Forderungen – denn ich bin sicher, dass er mich auffordert – Folge leisten kann. „Herr, ich will gewiss", betet mein Herz, „aber jetzt kann ich noch nicht."

Später gegen Abend in meinem Versteck sage ich zu Frau Demske, die mich besucht: „Ich glaube, wenn ich hier heil rauskomme, gehe ich in ein Kloster."

Frau Demske reagiert bestürzt, sie ist so erregt, dass sie mich dutzt: „Du und ins Kloster? Nicht, dass ich etwas gegen Klöster hätte. Im Gegenteil, ich habe früher selbst einen solchen Gedanken ernsthaft erwogen. Aber ich meine, wenn du hier rauskommst, kannst du überall mehr leisten als in einem Kloster. Du würdest es dort auch nicht aushalten."

Allein mit meinen Gedanken kommt mir der Vorsatz, in ein Kloster einzutreten, absurd vor. Wie bin ich überhaupt auf diese Idee gekommen? Wie sollte ich auch ins Kloster gehen? Man sagt, der Krieg sei aus, Deutschland existiere nicht mehr. Die Deutschen würden jetzt zu Sklaven gemacht, so wie sie es mit den besiegten Völkern geplant hatten. Andererseits hat mich die hl. Kommunion so reich gemacht: Was wäre, wenn ich immer in der Nähe des eucharistischen Heilands leben dürfte? Im Kommunionlied dieses Sonntags hieß es: „Eines nur erbat ich mir vom Herrn, nur dies begehre ich: im Haus des Herrn zu weilen alle Tage meines Lebens …"

Vor Jahren hatten mich Gäste zu Hause einmal gefragt, was ich später werden wollte. Ohne Überlegung, doch zum Entsetzen der Gesellschaft, hatte ich geantwortet: „Ich gehe ins Kloster." Namentlich Mama war bestürzt. Doch Papa beschwichtigte sie: „Lass sie nur. Etwas Gescheiteres kann sie gar nicht tun."

Kloster – das hieß damals für mich, sich nur mit dem lieben Gott zu beschäftigen. Es bereitete mir keine Mühe, dem Unterricht in der Schule zu folgen. So dachte ich mir die Möglichkeit aus, alle Texte in Gedanken auf den lieben Gott umzumünzen.

Wenn der Krieg wirklich zu Ende wäre – haben die Ordensleute in den Klöstern denn auch diesen fanatischen Hass gegen die Deutschen, den wir bei Polen und Russen beobachten können? Und wenn ich mich nach Polen durchschlagen würde und in einen Konvent ginge?

Ich sehe in Gedanken meine Ballettschuhe vor mir, mein Symbol für Freiheit und Lebenshunger. Wie würde ich die Spannung zwischen Gehorsam und Selbstverwirklichung aushalten ...?

Neue Sorgen. Der polnische Kommandant in Gillau hat in aller Frühe die Zwangsarbeiterinnen antreten lassen und festgestellt, dass eine fehlt. „Ich verlange, dass ihr mir dieses ‚Schneewittchen' herbeischafft, sonst könnt ihr euch auf etwas gefasst machen", droht er zornig. Einige Frauen gehen im Laufe des Tages zu Jagelkes. Die Beschreibung passt auf mich: Grünrotes Kopftuch, dunkles Haar, auffallend helle Hautfarbe, rote Sandalen.

Mein Kirchenbesuch ist ihnen in Erinnerung geblieben. Jemand beharrt darauf, er habe mich in Jagelkes Schuppen verschwinden sehen.

Frau Jagelke versucht, sie abzuwimmeln. Die jungen Dinger sähen sich oft ähnlich. Wahrscheinlich läge eine Verwechslung vor. Wer sollte sich denn im Schuppen verstecken, wo die Soldaten doch niemanden entdeckt hätten. „Wenn ihr wollt", schließt sie, „könnt ihr selbst nachsehen."

Mir ist es peinlich, dass die Familie meinetwegen in solche Bedrängnis kommt. Frau Jagelke bleibt optimistisch. „Wenn dich hier niemand sieht, wird das Gerede bald wieder verstummen."

Eines Tages schreckt mich wieder einmal der Schrei einer Kinderstimme auf: „Russen! Russen!"

Durch einen Spalt kann ich auf den früheren Vorplatz des Ladeneingangs sehen. Ein Granateneinschlag hat das Jagelkesche Haus an dieser Seite beschädigt. Ein paar kleine Mädchen hocken am Boden und spielen. Warum laufen sie nicht weg? Ich horche. Es kommen keine Soldaten. Sie spielen „Russenüberfall". Ihre Kinder sind in Lappen eingewickelte Holzstücke. Deutlich erkennt man die mageren Ärmchen und vor Hunger aufgeblähten Bäuche.

„Die Kinder schreien den ganzen Tag nach Brot. Wo soll man das nur hernehmen?“

„Meine können vor Hunger gar nicht mehr schlafen.“

„Still, die Russen!“

„Schnell! Wohin?“

„Das Verstecken hat ja doch keinen Zweck. Die von Klein-Kleeberg haben wieder alle Frauen vorgehabt.“

„Der Staruch, der schlägt jeden tot, den er versteckt findet.“

„Ach, warum meine Kinder nur so unverständig sind. Sie wollen immer nur essen.“

„Vielleicht bringt wieder jemand Milch.“

„Mama hat uns keine Milch gegeben, sondern sie weggeschüttet. Sie hat gesagt: Von der will ich nichts, die ist zu teuer bezahlt.“

„Die schöne Milch!“

Die Kinder spielen ihren Alltag, ihr Leben … Vielleicht ist es die einzige Form, sich mit dem Grauen dieser Tage auseinanderzusetzen, es „spielerisch“ zu verkraften. Als wir uns einmal in Langenwiese mit Besuchern unterhielten, rief ein achtjähriger Junge: „Ihr sagt immer ‚nach dem Krieg, nach dem Krieg‘! Gibt es denn schon mal ‚keinen Krieg‘?“

Die Frage: „Warum greift Gott nicht ein?“, beschäftigt die Menschen, vor allem auch die Mädchen und jungen Frauen. Was ist es, das die Menschen aneinander so handeln lässt? Warum dieser Hass? Diese Feindschaft? Viele Frauen leben in apathischer Resignation, vor sich nur Dunkel, eine gespenstische Ausweglosigkeit. Mia Demske, die Cousine von Maria Jagelke, kommt jetzt öfter in mein Versteck. Wir diskutieren so impulsiv, dass Mia im Eifer vergisst, leise zu sprechen. Muss man die Unschuld verteidigen? Auch wenn man weiß, dass man bei Verweigerung sterben muss? Kommt man dann direkt in den Himmel?

Fragen.

Und keine Antworten.

Frau Jagelkes Rechnung geht nicht auf. Das Gerede und Getuschel will kein Ende nehmen. Schließlich hat es sich herumgesprochen, dass ich bei ihr wohne. Eine Frau will an der Hofecke gelauscht und meine Stimme erkannt haben.

„Die Polen auf dem Ernsthof wissen, dass Irmgard bei euch versteckt ist. Wenn sie nicht freiwillig zur Arbeit geht, werden sie mit dem Karabiner kommen, um sie zu holen."

„Wir lassen es darauf ankommen." Frau Jagelke lässt sich nicht beirren. „Die Polen können niemanden vor den Russen schützen."

Die alte Frau Dost, die Mutter von Frau Jagelke, die das Kochen besorgt, während ihre Tochter arbeitet, und die zu den Mahlzeiten immer ruft: „Irmka, chotcz ietsch!", macht es in ihrer Gutmütigkeit noch schlimmer. Sie erklärt den Polen: „Das ist eine Gouvernante, die braucht nicht zu arbeiten."

Kurze Zeit darauf kommt Frau Jagelke aufgeregt in mein Versteck: „Komm schnell heraus. Die Polen sind da. Wenn sie das Haus durchsuchen, finden sie dich doch, und sie brauchen nicht zu wissen, wo du steckst."

Im früheren Ladengeschäft stehen drei Soldaten, das Gewehr in der Hand, geführt von Heinrich K.

„Guten Tag", sagt Heinrich. Er reicht mir verlegen die Hand. Die drei Polen strecken mir ebenfalls ihre Hände entgegen. Der Sohn des ehemaligen zivilgefangenen Landarbeiters kommt sich wichtig vor. „Wir wollen Sie zur Arbeit einladen. Nach dem Krieg muss wieder neu angefangen werden. Vielleicht können Sie morgen um sieben Uhr auf unserem Gutshof erscheinen."

„Gewiss, ich werde da sein."

Wieder ein plumpes Händeschütteln.

„Auf Wiedersehen!"

Auf dem Ernsthof ist wegen der anstehenden Getreideernte ein polnisches Militärkommando stationiert. Ich bin froh, dass ich nicht nach Gillau muss.

Der erste Tag auf einem kleinen Gerstenfeld. Es ist wegen des trockenen Sandbodens notreif geworden. Mit Karabinern und mehrriemigen Peitschen stehen die uniformierten Aufseher herum und lassen keine Gelegenheit aus, die Deutschen zu demütigen. Doch man muss sich nicht vor ihnen verstecken wie vor den Sowjets. Am zweiten Tag arbeite ich auf einem in Richtung Gillau gelegenen Getreidefeld. Die Soldaten mähen mit Sensen, denn die Russen haben fast alle Maschinen zerstört oder abtransportiert. Zwanzig bis dreißig Frauen und Kinder binden das Korn in Garben und stellen es in Hocken auf. Die Peitsche bestimmt das Arbeitstempo.

Gegen Mittag der vertraute Ruf: „Russen!"

Am Waldrand sammeln sich die fliehenden Frauen. Muss man nun mehr Angst vor den Polen oder vor den Russen haben? „Warum seid ihr uns denn nachgelaufen?", zanken einige. Schließlich, als sich die Russen von ihren polnischen Kameraden verabschieden, trauen sich die Frauen wieder aufs Feld. Die Aufseher verlieren kein Wort über den Arbeitsausfall.

„Was haben die Russen gewollt?"

Die Polen grinsen.
„Was wohl? Weiber!“

Die Tage wechseln wie die Wolken unter dem weiten ermländischen Himmel. Ist es noch deutscher Himmel? Wenn man die Peitschen und Gewehre sieht, die fremden Uniformen, die die Gewalt verkörpern, die verängstigten, abgehärmten Gesichter der Frauen, stellt sich unbewusst die Frage: „Wer hat Schuld an diesem Unglück?“ Hitler!, ist die erste, die meistgehörte Antwort. Ein alter Mann ist anderer Meinung: „Wir deutschen Katholiken sind schuld daran. Wenn wir mehr nach unserem Gewissen und nach dem Herrgott gefragt und nicht so viel nach Geld und Wohlleben Ausschau gehalten hätten, wäre Hitler nicht ans Ruder gekommen. Wir haben unsere Wahlpflicht schlecht erfüllt! Ein Drittel aller Wahlberechtigten war katholisch. Nur gut, dass es beizeiten so ausgegangen ist, sonst hätte er das ganze Volk verdorben.“

Niemand wagt ihm zu widersprechen, obgleich man vieles ergänzen könnte. Zum Beispiel, dass in Gillau – ohne Protest der katholischen Bevölkerung – eine „braune“ Lehrerin wirken durfte, die es darauf anlegte, die Kinder der Religion zu entfremden. Und die NS-Kindergärtnerin forderte die Kleinen beim zweiten Frühstück vor leeren Tischen auf, zu beten, wie sie es von zu Hause gewohnt waren. „Nun, hat euch Gott etwas zu essen geschickt?“, fragte sie dann mit ironischem Lächeln. Solche Erlebnisse waren nicht ohne Folgen für die Kinder, wohl aber ohne vehementen Einspruch der Katholiken geblieben.

Ein anderes „Kindergebet“ machte die Runde: „Händchen falten, Köpfchen senken, fromm an Adolf Hitler denken!“ Darauf breitete die Kindergärtnerin für die Kriegszeit seltene Leckerbissen auf den Tischen aus …

Jetzt arbeiten alle für fremde Besatzungsmächte, ohne Aussicht auf Leckerbissen, mit dem Gespenst des Verhungerns im Nacken, denn für die Deutschen fällt kaum ein Sack Korn ab. Lägen nicht in den Futtersilos die eingesäuerten Kartoffeln vom Vorjahr – der Hungertod fände manches Opfer.

Ein junger Pole legt sich mit den Arbeiterinnen auf dem Roggenfeld an. „Ihr habt ausgespielt. Das Land gehört uns. Wer nicht polnisch spricht, wird rausgeworfen. Die Russen würden ja am liebsten alles selbst requirieren. Aber wir haben im Westen mächtige Freunde. Ihr dagegen taugt nur zum Totschießen …“ Was er damit meint, ist nur zu offensichtlich: Die Sowjets haben dem polnischen Gesundheitsdienst vorgeschlagen, Reihenuntersuchungen durchzuführen und, um die Gefahren für die Besatzungstruppen zu mindern, von Geschlechtskrankheiten befallene Frauen zu erschießen. Die Polen haben den Vorschlag nicht angenommen. Sie brüsten sich jetzt überall mit ihrer humanen Haltung und Kultur.

„Müsst ihr euch deshalb mit fremden Federn schmücken, weil euch eure eigene Kultur nicht mehr gefällt?“, fragen die Arbeiterinnen provozierend und verweisen auf die vielen Diebstähle. „Die Möbel, die ihr uns gestohlen habt, passen gar nicht hinein in eure Kaluppen. Ihr müsst ja erst die Erde aufgraben in euren guten Stuben, um unsere Schränke unterzubringen …“ Die Polen werden fuchsteufelswild.

Während der Erntearbeit auf den Gillauer Sandhügeln hält sich eine junge Frau dicht an meiner Seite.

Manchmal bindet sie einige Garben für mich, sodass wir uns ungestört unterhalten können. „Sind Sie nicht das Fräulein, das immer im Hochamt kommuniziert hat?“, erkundigt sie sich. Und: „Haben Ihnen die Russen nichts zuleide getan?“ Gleich erzählt sie von ihrer Nichte. Fünfzehn sei sie gewesen, in letzter Zeit ziemlich in die Höhe geschossen. Deshalb habe ihre Familie sie auch immer versteckt. Sie selbst habe eine schreckliche Angst vor den Russen gehabt. Als die Soldaten wieder einmal das Haus durchsucht hatten und einige Rollen Krepppapier zum Vorschein kamen, habe die Nichte sinnend bemerkt: „Wenn ich gestorben bin, schlagt mir den Sarg damit ganz in Weiß aus.“

Besaß sie eine Vorahnung? Am nächsten Abend, als die Großmutter Verwandte im Dorf besuchen wollte und die Enkelin mitging, stoppte wider Erwarten ein Wagen voller Russen am Ortseingang von Gillau. Ein halbes Dutzend Kerle stürzten sich auf das Kind. Sie schleppten es ins nächste verlassene Haus. Nach kurzer Zeit kamen die Soldaten heraus und forderten die Greisin auf, hineinzugehen. Die Großmutter fand die Leiche ihrer Enkelin … Die Angehörigen entsprachen dem Wunsch des Mädchens und beerdigten es in Weiß …

Auf dem Ernsthof. Nichts erinnert mehr an die einstige Gutshierarchie. Die Strukturen zwischen Herrschaft und Dienerschaft sind weggeblasen. Nun schmückt sich ein ehemaliger Knecht polnischer Herkunft mit den Insignien des Wohlstandes, mit Reithose und weißem Pullover; sie stehen ihm seltsam zu Gesicht. Ein paar alte Mähmaschinen sind dem Zugriff der Russen entgangen. Mit ihnen wird die Ernte eingebracht, bei der fast alle Nerwigker Frauen helfen müssen. Der ältere Bruder des

Heinrich K. hat den Treck mit den flüchtenden Gutsbesitzern bis Mecklenburg begleitet. Als die Sowjetarmee die Fuhrwerke überrollte, sagte Felix aus, seine Herrschaft sei nicht kapitalistisch und nicht hitlerfreundlich gewesen. Dabei war die Gutsherrin, im Volksmund die „Ortsgruppenleiterin", eine begeisterte Rednerin für die Sache des Führers gewesen und hatte noch die Flucht in brauner Reithose und Stiefeln, mit Koppel und Riemen angetreten. Eine deutsche Mutter, so höre ich sie noch während einer Familienfeier sagen, könne doch kein anderes Ideal haben, als ihre Kinder dem Führer zu schenken.

Felix' Schwestern stolzieren in fremden Kleidern, mit Halsketten und Ringen geschmückt, auf den Feldern umher und schäkern mit den Aufsehern. Jede liebäugelt mit einem der früheren Rittergüter. Nur Felix will mit diesem Besitztausch nichts zu schaffen haben. Seine Mutter setzt ihm zu, er könne doch wenigstens Lehrer in Nerwigk werden. Doch er möchte lieber in seine Kate mit dem gestampftem Lehmboden und dem Strohdach irgendwo im Innern Polens zurückkehren, aus der deutsche Soldaten die Familie K. nach dem Polenfeldzug verschleppten.

Den einstigen Gutsbesitzern, denen die Flucht nicht gelungen ist, geht es schlecht. Frau Sch., die ehemalige „gnädige Frau", verrichtet jetzt unter der Aufsicht eines früheren zivilgefangenen Landarbeiters vom ersten Hahnenschrei an bis spät in die Nacht die niedrigsten Stallarbeiten, sie wird geprügelt und hat nicht einmal die Zeit, sich um die noch kleinen Kinder zu kümmern. Das Jüngste war im Frühjahr erkrankt. Auf Knien bat die Mutter den Mann, ihr zu gestatten, nach ihm zu sehen. Als Antwort öffnete er bei nasskaltem Wetter Tür und Fenster – der Säugling starb. Die Leute sagten: „Wer Wind sät, erntet Sturm."

An einem Sonntagnachmittag während der Erntezeit erfahre ich auch das Schicksal von Frau B. aus Wallen. Sie hat sich auf den langen Fußweg nach Nerwigk begeben – das jüngste Kind auf dem Arm, damit herumstreunende Russen sie nicht belästigen –, um mich zu treffen. Wir kennen uns flüchtig. Sie erzählt von ihrer Flucht, für die der Befehl zu spät kam. Der damalige Allensteiner Oberbürgermeister habe die Evakuierung zu nachlässig betrieben und sei von einem deutschen Offizier nach einem Wortgefecht kurzerhand erschossen worden.

Die Russen haben Familie B. bald eingeholt und bei den Kindern das Geld entdeckt, welches sie in Brustbeuteln für den Fall bei sich trugen, dass sie sich auf der Flucht verlieren würden. „Kapitalisten! An die Wand!" Schon richten sich die Maschinenpistolen auf die verängstigten Menschen. Ein anderer Soldat winkt ab, reißt der Mutter die Kinder weg. „Wenn wir sterben, sterben wir zusammen!" Wieder legen die Soldaten an, scheinen Vergnügen zu finden am Spiel mit der Todesangst der Familie. Schließlich nehmen sie den Mann mit. Es gibt kein Lebenszeichen mehr von ihm.

Frau B. hat den Kindern daraufhin die Beutelchen abgenommen und das Geld in den Straßenschmutz gestampft. Nun haust sie mit ihnen in einer Lehmhütte, die zuvor Kriegsgefangenen diente. Das Herrenhaus ist gesprengt. Sie knetet und backt seit Monaten Brot für die sowjetischen Soldaten und ihren Anhang, musste mit ansehen, wie man ihr Vieh und die Pferde davontrieb, ihre Maschinen abmontierte und erlebt jetzt, wie man die Ernte einbringt, um sie nach Osten fortzuschaffen. Für Frau B. ist eine Welt eingestürzt und eine alte Ordnung zugrunde gegangen. Sie steht nicht nur vor den Trümmern ihres Besitzes, sondern auch ihrer Weltanschauung. Ich versuche, ihr begreiflich zu machen, dass es nur darauf ankommt, vertrauensvoll Kind Gottes zu sein, um zum Wesentlichen des Lebens vorzustoßen.

Die Polen sind freundlich zu mir. Je länger ich bei ihnen arbeite, um so mehr wissen sie mich zu schätzen. Zum Roggenbinden hinter der Maschine hat Heinrich mir in Waldnähe einen vom Hügel nicht einsehbaren Winkel des Feldes zugeteilt. Wenn er nicht beobachtet werden kann, bindet er schon mal eine Reihe Garben für mich. Ich soll mich unterdessen ausruhen. Einer der Aufseher entdeckt einen Lappen, den ich um den kleinen Finger trage. Die Sache ist nicht der Rede wert. Trotzdem meint der Pole, diese Arbeit sei zu schwer für mich. Ich solle lieber den Kindern beim Aufstellen der Garben helfen. Ich fasse mir ein Herz und zeige die eiternde Wunde am Fuß, die im Staub und Schmutz des Feldes nicht heilen will. Nun soll ich zu Hause bleiben, bis der Fuß gesund ist.

Als der Schorf schließlich abfällt, ist es Zeit, die Schuhe für den Weg in die Freiheit anzuziehen …

Deutschland existiert nicht mehr. Von Deutschland ist nichts übrig geblieben. Deutschland ist ausradiert. Die Großmächte, die Alliierten, die Sowjetunion und Polen teilen das Großdeutsche Reich unter sich auf. Wer überleben will, muss für Polen votieren.

Der alte Kowalewski geht mit Listen von Haus zu Haus und fordert Unterschriften. Die Menschen wissen nicht, was sie tun sollen. Wer sich nicht einträgt, verliert Heimat und Heimatrecht und vielleicht den Rest seines Vermögens, falls er überhaupt noch etwas besitzt. Wechselt man die Staatsangehörigkeit wie ein Hemd?

Zweifel kommen auf. Warum zeigen die Polen ein so lebhaftes Interesse an den Unterschriften? Sind sie etwa ein politisches Druckmittel gegenüber den Westmächten, um zu demonstrieren, wie reibungslos Deutsche sich in den neuen Staat integrieren lassen?

„Wer nicht unterschreibt, wird nach Zentralpolen abtransportiert", sagt der Mann mit der Liste.

Der alte Herr Dost lehnt kategorisch ab. „Ich habe einst als Soldat dem Kaiser den Fahneneid geleistet, dem bleibe ich treu." Er sagt wie zur Bekräftigung die Schwurformel auswendig vor sich hin. Seine Frau antwortet auf Polnisch: „Ich bleibe deutsch!"

Der Konflikt quält die Menschen. Wenn es tatsächlich kein Deutschland mehr gibt – wo erarbeiten wir uns eine neue Existenz?, fragen sie. Die kleine Maria jammert: „Ich will nicht in eine polnische Schule gehen."

In Gillau gab es bis zum Krieg eine polnische Schule. Sie war der Bevölkerung Inbegriff der Unordnung und des Fanatismus – nicht ohne Absicht der deutschen Behörde. Nach außen achtete sie strikt auf die Einhaltung aller der Minderheit eingeräumten Vereinbarungen. Der Pfarrer musste beispielsweise deutschen Regierungsstellen Rechenschaft über die einmal monatlich in polnischer Sprache zu haltende Predigt ablegen. Sein Einwand, alle verständen Deutsch und in den polnischen Gottesdienst kämen die Menschen nicht, ließ man nicht gelten. Die Parteiorgane wiederum werteten den Gebrauch der polnischen Sprache im Gottesdienstraum als Verrat der römisch-katholischen Kirche am deutschen Volkstum.

Was also tun?

Die Unterschrift leisten – und fertig?

Die Köpfe sind heiß. Die Menschen zermartern sich das Gehirn.

Sengende Hitze lastet über dem Land. An einem schwülen Augusttag kommt ein Junge heimgewankt. Seine Mutter ist mit den kleineren Geschwistern vor Wochen von der misslungenen Flucht nach Hause zurückgekehrt. Den etwa Fünfzehnjährigen haben die Russen in Allenstein „zur Arbeit" zurückgehalten. Er ist todkrank. Arbeit? Nein, ins Gefängnis hat man ihn gesteckt. Im Keller, zwischen Schmutz und Leichen, wimmelte es vor halb toten, verzweifelten Menschen. Das Essen war ungenießbar. Nach einigen Tagen hatte der Junge sich verzweifelt die Stirn an der Mauer blutig geschlagen, so rasten die Kopfschmerzen. Die Russen holten ihn aus dem Verlies und schickten ihn fort. Sich von Dorf zu Dorf schleppend, ist er endlich nach Hause gekommen …

„Der Junge ist eben gestorben", sagt Frau Jagelke. „Wenn der alte Pfeiffer den Sarg fertig hat, werden wir ihn begraben – wegen der Hitze."

Ich gehe ins Trauerhaus hinüber. Mit aschgrauem, eingefallenem Gesicht sitzt die Mutter neben ihrem toten Kind und versucht, die Fliegen abzuwehren. „Ich kann nicht mehr weinen. Wenn er wenigstens gut dort oben angekommen ist!"

Ich blicke lange auf das kleine Jungengesicht. Der Hals ist an der rechten Seite angeschwollen. Als die Bretter zusammengenagelt sind, kommt Frau Demske mit ihrem Gebetbuch und einem Fläschchen Weihwasser. Sie ersetzt soweit wie möglich den Geistlichen, seit wir keinen Priester mehr haben. Sie betet vor dem Loch unter den Obstbäumen im Garten und besprengt den Sarg. Der Junge ist ohne Trost hinübergegangen. Hitler, die Russen – die Welt war ihm zerbrochen und sein Leben in ihr. Wir singen ein Lied. Die erste Handvoll Erde poltert auf den Sarg.

Eigenartige Krankheiten beunruhigen die Leute. Typhus? Frau Jagelke kann keine Speisen vertragen. Maria fiebert schwer. Ihr Körper trägt unbekannte Zeichnungen. Schwarzblaue Flecken bedecken den Leib des Nachbarkindes. Die Pest? Die Menschen bekreuzigen sich. Pestfriedhöfe sind ihnen bekannt; fast jedes Dorf besitzt noch einen Gottesacker aus dem 17. Jahrhundert. Bestimmte „Lobetage“ und Prozessionen gehen auf die Seuche zurück.

Ich weiß mir vor Kopfschmerzen nicht zu helfen. „Wenn ich sterbe“, bitte ich Frau Demske, „singen Sie mir bitte das Lied ‚Jesus, meine Zuversicht‘.“ In den qualvollen Stunden der Krankheit gehen mir die Verse des Osterliedes nicht aus dem Sinn:

„Jesus lebt, mit ihm auch ich.
Tod, wo sind nun deine Schrecken?
Jesus lebt; er wird auch mich
von den Toten auferwecken.
Er verklärt mich in sein Licht. –
Das ist meine Zuversicht ...“

Abends sitzen die Frauen trotz Ansteckungsgefahr in der Nähe meines Bettes. Wie viele sind ungewollt schwanger? Verzweiflung packt sie, wenn sie sagen: „Wär' ich's nur beizeiten losgeworden …" „Sobald ich's packen kann, werf' ich es gegen die Wand." Was konnten die ungeborenen Kinder dafür, dass man sie so hasste? Wer entscheidet über das Recht zu leben? Viele Fragen brennen auf den Lippen. Die Antworten suchen die Menschen aus ihrem Katechismuswissen zusammen. „Und wenn mein Mann zurückkommt und mich mit dem Russenbalg findet?" – „Sollen wir die Schande immer vor Augen haben?" – „Ein Mord auf dem Gewissen – würden wir je Ruhe finden …?

Jeder Tag schwemmt eine neue Botschaft ins Dorf. Zwei Frauen aus Preywils sorgen für Aufregung. Von Allenstein fahren Züge Richtung Berlin! Kein Zweifel, in Allenstein befand sich jetzt der Sitz einer polnischen Verwaltung. Dort gab es die nötigen Papiere, Czepustkas, für die Ausreise. Man musste die Angestellten schon bestechen, sonst erhielt man die Dokumente nie. Wer nicht zahlte, so wusste man, erhielt statt der Ausreisegenehmigung die Einladung zur Zwangsarbeit in Polen … 80 oder 90 Zloty für den einen Beamten, vielleicht 30 oder 40 für den anderen – dann musste man nicht lange warten. Auf der Czepustka standen Name, Geburtstag und Geburtsort sowie das Ziel, das man anstrebte. In Russisch oder Polnisch folgte die Erklärung, dass der Betreffende ausreisen dürfe, um nie wiederzukommen.

Nie wiederzukommen …

„Aber wir haben doch keine Zlotys!"

In der Stadt blüht der Schwarzmarkt. Kein Problem!

Wenn wir vielleicht noch etwas verkaufen könnten ...?

Was denn? Es gehört den Polen ja bereits. Wenn einem Polen die Wohnung eines Deutschen gefällt, muss der Besitzer sie unverzüglich räumen. Das ist die Situation. So erzählen die Frauen. Die Preise für Lebensmittel sind unerschwinglich.

Der Lohn eines Arbeitstages reicht gerade für ein Zwei-Pfund-Brot. Und auf der Straße spricht man aus Angst kein deutsches Wort mehr ... Wer traut noch dem anderen ...? Und jetzt stieß eine Nachricht das Tor zur Freiheit auf ...?

Plötzlich wollen alle ausreisen. Alle Nerwigker sprechen von Czepustkas. Sie sammeln Argumente, die dafür sprechen, suchen nach Gründen, die ihnen den Verbleib in der Heimat unerträglich erscheinen lassen. Der Gründe gibt es genug: die schwere Arbeit von frühmorgens bis in die späte Nacht, ohne Dank, ohne Bezahlung. Kein Licht, kein Telefon, keine Post. Keine Nachrichten von verschollenen Gatten und verschleppten Kindern. Kein Geschäft, wo man ein Stück Seife hätte kaufen können.

Dahinein platzt die Feststellung des Jupp Jagelke wie eine Bombe: „Ich gehe nicht mit!"

Wozu noch einmal den Versuch einer neuen Existenzgründung wagen? Er kann es gut mit den Russen. Er knüpft Netze, um eine Fischerei anzufangen. Vielleicht geben sie ihm gar ein Gewehr und er kann auf die Jagd gehen? Seine Frau möchte um jeden Preis eine neue Heimat im Westen suchen, allein der Kinder wegen.

Die neuen Lebensperspektiven lassen mich schnell gesund werden. Frau Demske bietet sich an, mit einer anderen Frau nach Allenstein zu gehen. Das sind fünfundzwanzig Kilometer hin und fünfundzwanzig Kilometer zurück. Alles, was die Dorfbewohner noch an versteckten Wertsachen besitzen, tragen sie zusammen, um es auf dem Schwarzmarkt in Zlotys umzusetzen. Ob man auch eine Ausreisebewilligung erhielt, ohne persönlich anwesend zu sein? Die Frauen notieren sich Namen und Daten. „Betet für uns, dass wir überall heil durchkommen!“

Voller Spannung erwartet das ganze Dorf ihre Rückkehr. Als sie schließlich in der Ferne auftauchen, laufen die Kinder ihnen bis zum Ernsthof entgegen.

Allenstein – fast haben sie sich nicht mehr zurechtgefunden, so verändert scheint die Stadt. Verängstigte Menschen, die nicht stehen zu bleiben wagen, um einen Bekannten zu grüßen, die nicht laut sprechen, scheu vorüberhuschen. Die Türen der Häuser dürfen nicht verschlossen werden, damit die Sowjets überall freien Zutritt haben. Auf dem Schwarzmarkt gibt es alles zu kaufen – sofern man Zlotys hat. Deutsches Geld ist wertlos. Mein Nachthemd, das ich veräußern ließ, hat 90 Zlotys gebracht. Den fehlenden Betrag legt Frau Demske dazu. Ich soll als Erste eine Czepustka haben. Auch für Frau Dost und ihre Kinder sowie für Frau Salewski reicht das Geld zur Ausreise. Die Frauen haben ein kleines Weißbrot mitgebracht. Es kostete zwanzig Zlotys. So also sah die neue Währung aus? Alle bestaunen die neuen Münzen und Scheine …

Am 30. August – so erzählen die Frauen – fährt ein Zug nach Berlin …

In der Frühe des 28. August machen wir uns auf den Weg. Unsere Habseligkeiten sind auf einem Handwagen verstaut. Die Ausreisedokumente mit polnischer und russischer Unterschrift stecken, mit Sicherheitsnadeln befestigt, unter unseren Kleidern. Auf dem Stadtsiegel von Allenstein steht der Patron der Pilger, der hl. Jakobus, neben einem Turm der Ordensburg. Umschrift und Hakenkreuz sind unkenntlich gemacht. Der Abschied von den Menschen im Dorf ist kurz und ernst. Noch im letzten Augenblick hat Frau Dost sich entschlossen, ihren zweitältesten Sohn bei den Schwiegereltern zu lassen. Sie haben so sehr darum gebeten. Nun läuft der Junge neben dem Handwagen her bis zum „Polnischen Bahnhof". Vor lauter Schmerz kann er kein Wort herausbringen. Ob er die Mutter und Geschwister je wiedersehen wird? Sein Vater ist im Krieg gefallen.

Klausenhof – Wallen. Die Orte wachsen auf uns zu und verschwinden hinter uns. Wo früher das Schloss zwischen den Bäumen schimmerte, herrscht jetzt jähe Bläue. Der Tag ist drückend heiß, und die kleine Rosemarie, die zwischen der Mutter und mir trippelt, bittet: „Auf den Arm! Tragen!"

Auf den Feldern an der Landstraße sind Polen beim Kartoffellesen. Soldaten stellen sich uns in den Weg, fragen, warum wir spazieren gehen, ob wir keine Arbeit haben. Sie durchwühlen unser Gepäck, einer entdeckt eine Wasserflasche, hält sie für Schnaps, setzt sie an den Mund und droht, als er den Irrtum bemerkt, unsere Dokumente zu zerreißen.

„Ihr verfluchten Deutschen sollt arbeiten, gleich hier, auf dem Kartoffelfeld!"

„Maria, breit den Mantel aus!" Wenn wir hier aufgehalten werden und die Papiere ihre Gültigkeit verlieren, was dann? Noch einmal werden wir das Geld für die Ausreise nicht aufbringen. Einer der Soldaten setzt sich schließlich durch: Man solle die Flüchtlinge in Ruhe ziehen lassen. Unter der stechenden Mittagssonne setzen wir den Marsch über die staubige Landstraße fort. Ich halte Rosemaries krätzewundes Händchen in meiner Hand. Rast? Nein, nur weiter! Wenn russische Soldaten auftauchen, nehme ich das Kind auf den Arm.

In Patricken verwickeln polnische Soldaten uns in ein Gespräch. Nur Reichsdeutsche, sagen sie, dürften ausreisen. Die anderen sollten ihren Teil zum Aufbau Polens leisten. Schließlich hätten die Deutschen nie wieder gutzumachende Verbrechen an der polnischen Nation begangen. Frau Dost begehrt auf. „Was haben wir euch getan? Unsere Männer sind tot, unsere Brüder verschleppt, und die Kinder sind dabei, zu verhungern! Ihr habt uns doch bereits ausgesaugt bis aufs Blut!" Nach heftiger Rede und Gegenrede dürfen wir endlich weiterziehen.

Die Kinder sind müde. Sie betteln ständig um Wasser, um Brot. Sollen wir die Reise hier für heute unterbrechen? Links führt ein Pfad zu einem abseits gelegenen Gehöft. Ob ein Platz in der Scheune frei ist? Ich warte bei den Kindern und dem Gepäck, während die Frauen um ein Eckchen zum Schlafen bitten. Nein, nichts zu machen. Ob wir nicht die Trauerlaken in den Fenstern sähen? Ein Toter liegt in der Stube. Typhus.

Also weiter!

Die Russen in Groß- und Klein-Kleeberg, der Schrecken der ganzen Gegend, lassen uns unbehelligt ziehen. Sie sitzen schwatzend vor ihren Quartieren. In Elisenhof bietet sich endlich eine Möglichkeit zum Ausruhen. Wir stellen den Wagen in einer Scheune ab. Eine freundliche

Frau räumt ihren Platz am Küchenherd – wenn wir etwas kochen wollten ... Sie ist schwanger. Sie bangt vor der Begegnung mit ihrem Mann. Nein, umbringen will sie das Kind nicht. Es habe in dieser Welt ohnehin keine Überlebenschancen. Wenn es nur erst getauft wäre ...

Die Schwüle unter dem nächtlichen Dach ... Das Stroh sticht, die Luft ist stickig. An Schlaf ist kaum zu denken. Beim ersten Morgengrauen beladen wir den Handwagen. Frau Dost vermisst ihr Portemonnaie. Es ist nicht nur ihr Geld, das weg ist, sondern auch das Geld der spendenfreudigen Nachbarn, insgesamt über fünftausend Mark. In der Dunkelheit ist es wahrscheinlich zwischen den Garben in die Tiefe geglitten. Alles Suchen ist vergeblich.

Ein scharfes „Stoij!" lässt uns zusammenfahren. Im farblosen Frühlicht an der Brücke, unter der die Eisenbahnlinie hindurchführt, steht ein Posten. Mit vorgehaltener Maschinenpistole hört er sich die Geschichte der ausreisewilligen Frauen an, die ihre Dokumente hervornesteln. Ich drücke die kleine schlaftrunkene Rosemarie an mich. Nie stärker verspürte ich das Bedürfnis nach Geborgenheit und das Verlangen nach Sicherheit wie in diesem Augenblick auf der Landstraße. Der Soldat hat ein Einsehen, er will nicht schuld sein, wenn wir den Zug verpassen. So wirft er die Waffe über die Schulter und begleitet uns zum nächsten Kontrollposten. Die Zugänge nach Allenstein – so hören wir – werden von den Sowjets bewacht, die Stadt selbst steht unter polnischer Verwaltung. Als wir schließlich, von der Postenkette weitergereicht, in der Kleebergerstraße ankommen, ist die Sonne noch nicht aufgegangen.

Die Straßennamen rufen Erinnerungen wach. Die Straßen selbst sind kaum wiederzuerkennen. Ausgebrannte Häuser, wo früher Menschen lebten. Manche Begegnung fällt mir ein, ja, an manches Gespräch werde ich beim Gang durch die Stadt erinnert. Es sind sehr persönliche Empfindungen, die mich mit Freundinnen und Freunden verbinden. Auch unsere antinationalistische Gesinnung, der wir manchmal zu frei und unüberlegt Ausdruck verliehen, lebt noch einmal auf – gerade jetzt, nachdem wir die unübersehbaren Folgen des Krieges, den uns die Hitler-Diktatur aufgezwungen hat, mittragen müssen. Die Menschen, die hier gelebt haben, stehen vor mir. Ihre Häuser sind nicht mehr. Ich erinnere mich an unsere Studienrätin, Fräulein Dr. Rademacher, die mir nach dem Abitur zur Vertrauten geworden ist, der ich aus dem Reichsarbeitsdienstlager Wolfsee in nächster Nachbarschaft des Führerhauptquartiers Briefe mit eindeutig politischem Inhalt schickte, die sie später heimlich den Gegnern des Regimes zur Verfügung stellte. Die Lehrerin – so erfahre ich später – wurde beim Einmarsch der Russen erschossen, als sie sich schützend vor ihre Schülerinnen stellte.

Die vornehmen Viertel der Stadt haben die Sowjets systematisch abgebrannt, angeblich, weil die nachrückenden Soldaten den krassen Unterschied zwischen der deutschen Zivilisation und dem kommunistischen Paradies nicht als unüberbrückbare Kluft erleben sollten … Später schob man die Brände herumirrenden deutschen Kindern in die Schuhe – was wieder zu folgenschweren „Gegenmaßnahmen“ führte.

Wir erreichen den Platz vor dem Hauptbahnhof, ohne auch nur einem Menschen zu begegnen. Das Bahnhofsgebäude steht als verwaiste Ruine mit verrußten, leeren Fensterhöhlen vor uns. Über Gerümpel und Schutt führt der Weg zum Güterbahnhof. Hier soll der Zug abfahren. Der Zugang zu den Gleisen ist versperrt. Wir laden das Handgepäck ab, teilen es auf und schärfen den Kindern ein, dass sie gut darauf aufpassen sollen. Rosemarie umklammert mit beiden Ärmchen die Wolldecke, in der ihre Puppe schläft. Als die ersten Sonnenstrahlen über den Horizont zucken, wird es hinter den Schuppen lebendig. Verwahrloste, zerlumpte Kinder kriechen hervor, betrachten uns wie scheues Wild. Russische und polnische Uniformen tauchen auf. An den Laderampen finden sich Frauen und Kinder ein, wahrscheinlich Flüchtlinge wie wir. Wir suchen die Nähe der Menschen. Das ist sicherer, man fällt in der Menge weniger auf. Wir hocken dicht beieinander. Die Kinder betteln wiederholt um Brot. Frau Dost schickt die beiden ältesten Söhne aus, um nach Trinkwasser Ausschau zu halten. Eine Polin, einen mit einem weißen Tuch abgedeckten Eimer und einen Trinkbecher in der Hand, geht an den Reihen vorbei. Frische Milch! Bei uns kann sie kein Geschäft machen. Wir haben keinen Zloty.

Plötzlich peitschen Schüsse durch die Stille. Wildes Geschrei. Wir pressen uns dicht aneinander. Ein Junge hat in den Korb einer Brotverkäuferin gelangt. Nun rennen Soldaten hinter ihm her. Hoffentlich ist es nicht einer von Dosts Buben! Nach einer Weile kommen die Soldaten zurück. Sie tragen einen schlaffen Körper …

Dosts Jungen haben die Wasserflaschen gefüllt und wollen gleich nochmal fort. Aber die Mutter hält sie zurück. „Um Gottes willen, ihr bleibt hier!"

Es gibt keinen Fahrplan für die Züge. Einige Flüchtlinge, so hören wir, warten schon tagelang auf dem

Bahnhof. Indessen werden ihnen die wenigen Habseligkeiten geraubt. Nachts verkriechen sie sich in den Ruinen. Die Russen kommen gelegentlich, holen die Frauen und größeren Kinder zur Arbeit. Die Leute betrachten mich: „Du wirst nie nach Berlin kommen." Auf einem alten Salzsack kauernd, berge ich den Kopf auf den Knien. „Maria, breit den Mantel aus!"

Jemand stößt mich in die Seite. „Aufstehen!" Voller Entsetzen blicke ich in das Gesicht eines Russen. „Krank?" Die Frauen bestätigen schnell: „Ja, Kind krank, viel krank." Er verschwindet, kommt aber bald mit anderen Soldaten wieder. Nun soll Dosts ältester Junge mitgehen, um die Soldatenquartiere zu säubern. Frau Dost weint und fleht. „In zwei Stunden Junge zurück", heißt es beschwichtigend.

In einiger Entfernung steht eine Reihe Güterwagen. Niemand hat sie bisher sonderlich beachtet. Gegen Mittag kommt plötzlich eine Lokomotive angeschnaubt, wird angekoppelt. In den inzwischen auf mehrere hundert Personen angewachsenen Flüchtlingsstrom kommt Bewegung. Die Menschen stürzen sich auf den Zug. „Wirklich nach Berlin?" Freudentränen laufen über die Wangen. Der Lokomotivführer ist ein blasser, schwindsüchtig aussehender Mann. „Fahren wir wirklich nach Berlin?", frage ich ihn. Er zuckt die Schultern. Vergangene Woche hat er auch einen Flüchtlingstransport nach Berlin ziehen sollen, aber unterwegs erhielt er Befehl, nach Warschau zu fahren. Dort hatten die Menschen aussteigen müssen ...

Wir suchen uns einen noch nicht überfüllten Waggon. Die Wagen sind verdreckt, angeblich hat er zuvor einem Gefangenentransport nach Russland gedient. In einem

Winkel stehen stinkende Blechdosen für die Notdurft. Wenn es wenigstens Wasser und einen Schrubber gäbe.

Frau Dost sucht im Quartier der Soldaten ihren Jungen. Sie kommt unverrichteter Dinge zurück. „Sie geben mir das Kind nicht heraus und behaupten, der Zug fahre doch nicht ab. In einer Stunde soll er freikommen." Sie ist verzweifelt. Die Zeit verrinnt, vom Zwölfjährigen keine Spur. „Ohne den Jungen fahre ich nicht mit!" Frau Dost zerrt ihre Kinder aus dem Wagen. Noch einmal rennt sie los. Die Lokomotive ist abfahrbereit. Atemlos kommt die Frau zurück – sie hat ihren Jungen an der Hand.

Die Papiere werden kontrolliert. Die polnischen Soldaten lassen sich die Czepustkas zeigen. Die Frauen raten mir, zwischen den Jungen und Mädchen zu verschwinden. Ich muss meine Dokumente nicht hervorholen. Denn als sie die Kinder von Frau Dost zählen, stimmt die Zahl, weil der elfjährige Sohn, der bei den Großeltern geblieben ist, auf dem Schein verzeichnet ist.

Ein Ruck geht durch den Zug. Zischend setzt sich die alte Lok in Bewegung. Die Frauen machen das Kreuzzeichen. Sie schweigen. Was ist das für ein Gefühl, wenn man die Heimat für immer verlässt …

Wir Nerwigker haben uns im vorderen Teil des geschlossenen Güterwagens eingerichtet. Die Kinder sitzen an den offenen Ladetüren und lassen die Beine baumeln. Ich stehe an dem winzigen Fenster rechts vorn und presse den Kopf gegen das Gitter. Allenstein! Zum letzten Mal Allenstein! Ich verfolge die Strecke. Zwischen 1936 und 1938 habe ich während der Sommermonate täglich den Schulzug benutzt. Ich kenne jedes Gehöft, jeden Kirchturm.

Jonkendorf. Unser Bahnhof! Da hinten die Kirche, in der ich die erste heilige Kommunion empfangen habe, wo ich gefirmt worden bin. Die Mittagssonne brennt auf die staubige Landschaft. Meine Heimat! Osterode, Deutsch-Eylau. Wenn der Zug sein Tempo hält, werden wir Berlin bald erreichen.

Gegen Abend stoppt der Zug auf offener Strecke. Die Leute steigen aus, um nachzusehen, was los ist. Die Lokomotive ist weg. Wahrscheinlich befinden wir uns in Nähe der polnischen Grenze. Kein Mensch weit und breit. Die Nacht überschattet den Tag. Ich stütze den Kopf auf mein Gepäck und schlafe über einem „Ave Maria“ ein.

Im Frühlicht erkennen wir ein paar hundert Meter entfernt einen See. Die Jungen suchen einen Weg zum Ufer und füllen die Dosen mit Wasser. Eine wahre Prozession macht sich nun auf, um das erfrischende Nass zu schöpfen.

Die Stunden dehnen sich, machen uns ratlos. Was wird werden? Ist es besser, sich wieder auf den Heimweg zu begeben? Solche Gedanken, die andere bewegen, lasse ich nicht aufkommen. Ich bin entschlossen, notfalls zu Fuß nach Berlin zu gehen!“

Ferne Geräusche künden eine neue Lokomotive an. Sie zieht den Zug bis in den nächsten Bahnhof auf ein Abstellgleis. Endstation? Auf dem Nebengleis steht ein anderer Güterzug. Auf dem Bahnsteig brennt ein Feuer und über ihm baumeln Kochgeschirre. Jemand spielt Heimatlieder auf der Ziehharmonika. Männer in feldgrauen Uniformen ohne Schulterstücke, Koppeln und Waffen hocken neben den Gleisen. Es sind deutsche Soldaten, die aus alliierter Kriegsgefangenschaft zurückkehren.

„Woher?“

„Wohin?“

„Wie sieht es in Allenstein aus?“

Eine Frau erkennt den Mann, der die Frage gestellt hat. Soll sie ihm die Wahrheit sagen, die ganze Wahrheit? Auch, wie man die Leiche seiner Tochter gefunden hat …?

Der Soldatenzug fährt gegen Abend weiter in die anbrechende Dunkelheit. Auch in eine dunkle Zukunft. Stattdessen läuft ein Transport mit sowjetischen Soldaten ein. Vorsichtshalber schließen wir die Wagentür. Da hört man auch schon das verzweifelte Weinen und markerschütternde Schreien der Frauen. „Die Russen schleppen die Weiber raus!“

Ich lege mich flach auf den Boden. Frau Dost breitet über ihre Kinder und mich eine Decke. Männerfäuste rütteln an den Türen. Die Russen durchstöbern die Waggons. Nur alte verhärmte Frauen und Kinder? Eine der Frauen, eine dicke, halbseitig gelähmte Person, „opfert sich freiwillig“, um die anderen zu schonen.

Doch jetzt geht eine neue Schreckensnachricht durch den Zug: Die Russen durchstöbern das Gepäck! Angeblich suchen sie nach einem versteckten Radio. Mein Gebet ist ein bedingungsloses Vertrauen auf den Schutz des Himmels. Zwischen den schlafenden Kindern liegend, warte ich, was geschieht. Jemand zieht mir das Kopftuch herunter. Eine Taschenlampe leuchtet mir ins Gesicht. Ich stelle mich schlafend.

„Dein Kind?“

Eine Frau bejaht. Die Soldaten verschwinden aus unserem Güterwagen, doch draußen geht die Jagd weiter. Seither haben wir Schutz vor ihnen; niemand betritt mehr unseren Waggon.

Auf der Reise nach Bromberg wird der Zug überfallen. Es ist ein organisierter Raub. Zuerst verwickelt uns ein gut gekleideter junger Pole bei einem Halt in ein Gespräch. Zu spät erkennen wir, dass er dabei unser Gepäck sorgsam mustert. Plötzlich ein schriller Pfiff. Er stürzt sich auf die Taschen und Koffer und reißt sie mit harter Faust hinweg. Andere Räuber tauchen am Bahndamm auf. Als der Spuk vorbei ist, kommt die Lokomotive wieder auf Touren.

Die Freude ist groß, wenn wir bei einem Zugstopp auf jemanden treffen, der sagt: „Ich bin auch Deutscher." Ein Mann streckt uns seine verkrüppelten Hände entgegen. Er stammt aus Danzig. „Als Kommunist habe ich das Hitler-Regime gehasst und gewünscht, dass die Russen gehörig aufräumen. Aber was ist der Dank? Mit dem Gewehrkolben haben sie mir die Hände zerschlagen. Sie haben keinen Unterschied gemacht zwischen Freund und Feind. – Ja, der Herrgott sorgt dafür, dass die Bäume nicht in den Himmel wachsen."

In Bromberg. Der Zug hat einen längeren Aufenthalt. Frau Dost kramt ein Kleid aus ihrem Gepäck und tauscht es bei einer Polin gegen Brot ein. Die Kinder haben Hunger. Trinkwasser ist gar nicht zu bekommen. Beim Halt der Lokomotive halten wir Gefäße unter die tropfenden Ventile. Das Wasser ist voller Rußflocken. Bald ist der erste Tote im Flüchtlingszug zu beklagen.

Am 3. September gegen Abend nähert sich der Zug der Grenzstation Küstrin. Der „Korridor" liegt hinter uns. „Wenn ihr Küstrin hinter euch habt, seid ihr gerettet." Wie die Verheißung des Himmels hat uns dieser Satz die letzten Tage begleitet. Der Transport stoppt kurz vor dem Bahnhof. Polnische Bahnpolizei nötigt uns, auszusteigen.

„Dieser Zug fährt nicht nach Berlin. Morgen kommt ein anderer. Wir führen euch zu einem Warteraum."

Skepsis wird laut. Eine Falle? „Lasst euch nicht an der Nase herumführen. Wer weiß, wo die uns hinbringen!"

Die Züge waren überfüllt.

Warten – auf die nötige Versorgung.

Notunterkünfte – die Enge waren oft unerträglich.

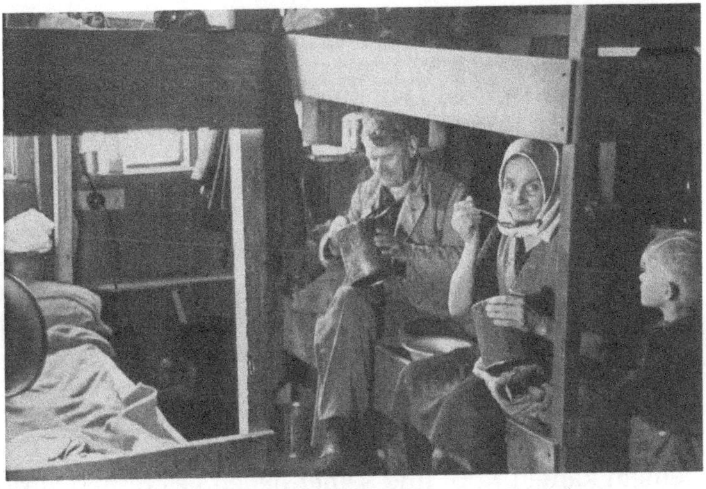

Wohnen und essen auf dem Rand der Pritsche.

„Ihr müsst wissen, was ihr tut. Der Bahnhof ist zerschossen. Und zudem wird er nachts immer von Russen heimgesucht. Ihr wisst ja, was die mit euch machen."

Ein Teil der Flüchtlinge bricht dennoch zum Bahnhof auf. Wir Nerwigker folgen dem Schein der Taschenlampen durch die Ruinen. Vorn und hinten gehen Uniformierte. Es sieht aus, als führten sie einen Gefangenentrupp ab. Der Weg scheint endlos. „Was ist das denn für ein Warteraum?"

„Wir haben doch gesagt, dass der Bahnhof zerschossen ist. Die ganze Stadt ist ein Trümmerfeld."

Ein tunnelartiger Torbogen, dann nochmals um eine Ecke. Ein Hauseingang. „Morgen früh holen wir euch ab und bringen euch zum Bahnhof." Im Dunkeln gewöhnen sich die Augen allmählich an einen größeren leeren Raum, in dem wir uns dicht an dicht auf den Boden lagern.

Die Sonne geht auf, wir sind bald marschbereit. Doch die Tür ist verschlossen. Endlich erscheint die Bahnpolizei. „Bevor ihr weiterreisen könnt, müsst ihr erst ein paar Tage für uns arbeiten."

Wir eilen in den Hof. Am Torbogen steht eine Wache. Gefangen! „Sie sind schuld! Wären wir nur bei den anderen auf dem Bahnhof geblieben", lautet der Vorwurf einiger Frauen gegen mich.

Den Flüchtlingen auf dem Bahnhof muss es unterdessen auch nicht besser ergangen sein. Ein Pole, der mit seinem kahlen Kopf und seiner hellen gestreiften Hose an einen befreiten Sträfling erinnert, erklärt, alles Gepäck sei auf einen Haufen geworfen worden. Davon sähen die Besitzer nichts wieder.

Ich halte die Augen auf, um eine Möglichkeit zur Flucht zu erkunden. Der Hof ist geräumig und von einer hohen Mauer sowie Gebäuderuinen umgeben. Das Gelände gehörte früher möglicherweise zu einem Kasernenkomplex. Am einzigen Ausgang steht der Posten. Während die anderen Frauen zur Arbeit weggeführt werden, soll ich zum Hausputz dableiben. Ich empfinde keine Angst. Ich fege mit einem struppigen Besen einige kleine Zimmer. Dreck, wohin man blickt! Der Kahlkopf erscheint. „Du brauchst dich nicht so anzustrengen", sagt er. „Ruh dich aus." Ich suche den Aufenthaltsraum auf und trage unser gesamtes Gepäck zusammen. So kann ich besser darauf achtgeben. Auf einem Bündel sitzend, überdenke ich die Lage. Fliehen geht nicht. Ein Sprung aus dem Fenster wäre der sichere Tod. Ich fühle mich plötzlich elend.

Ein elegant aussehender Offizier, eine Erscheinung, die sich wohltuend vom Schmutz ringsum abhebt, stellt sich als Kommandant von Küstrin vor. Er spricht ein einwandfreies Deutsch, fragt nach der Behandlung durch die Russen und nach meinen Plänen. Ich antworte ausweichend. Nach Wiesbaden wolle ich. Das träfe sich ja großartig, erwidert er, er habe dort eine Freundin, eine Rotkreuzsschwester, der ich unbedingt Grüße ausrichten müsse. Er geht hinaus, um die Adresse zu besorgen. Bei der Rückkehr überbringt er die Einladung seiner Frau zum Mittagessen.

„Seiner Frau?", fragt der Kahlkopf, als der Offizier es nicht hören kann. „Gestern war sie noch seine Schwester."

„Ich werde nicht hingehen."

„Dann musst du arbeiten."

Der Kahlköpfige bedeutet mir, ihm zu folgen. Ich soll mit ihm den Hof aufräumen. Während er die großen

Brocken beiseiteschleppt, wende ich mich dem kleineren Gerümpel zu. Aus gelegentlichen Bemerkungen meines Begleiters entsteht mosaikartig ein fürchterliches Bild: Ich bin polnischen Mädchenhändlern ins Garn gegangen. Die Russen und die Bahnpolizei stecken mit ihnen unter einer Decke. Der Offizier hat ebenfalls seine Hand im Spiel.

„Möchtest du essen?", fragt der Kahlköpfige nach einer Weile.

Ich könnte jetzt keinen Bissen hinunterbekommen, folge ihm aber in einen großen hellen Raum zu ebener Erde mit einem mächtigen Herd in der Mitte. Zwei Frauen schälen Kartoffeln. Zwei Tage habe ich nichts mehr gegessen, den halben Laib Brot aus handgemahlenem Roggenschrot, den mir Frau Jagelke mitgegeben hat, haben Dosts Kinder längst aufgezehrt.

Ob ich Wasser holen könne, aus der Gärtnerei? Dort befinde sich die Pumpe. Ich bejahe. Der Kahlkopf beschreibt den Weg. Das Kind da solle ich zum Tragen mitnehmen. Mit einer kleinen Wanne und einem Eimer ziehen wir los. Der Posten an der Pforte lässt uns auf einen Wink des Kahlköpfigen passieren. Zwischen Ruinen hindurch verläuft der Pfad in zehn Minuten zur Zapfstelle. Wie lange habe ich kein klares, reines Wasser mehr gesehen. Wir füllen die Gefäße und gehen zurück. Ich gieße das Wasser über die Kartoffeln. Ob ich nicht noch einmal gehen wolle. Sofort bin ich bereit. Augenblicklich ist mein Fluchtplan fertig. Ich laufe die Treppe hinauf, werfe meine Sachen zum Fenster hinaus und greife nach den Wasserbehältern. Wieder kommen wir unbehelligt am Posten vorbei. Draußen packe ich meine Sachen in die Wanne und laufe in Richtung Bahnhof. Auf einem Gleis steht ein Zug. Ich dränge mich zwischen die Flüchtlinge und finde einen Platz in einem Eisenbahnabteil dritter Klasse.

Doch der Zug fährt nicht ab. Gegen Abend müssen alle Deutschen aussteigen. Unter den Wartenden auf dem Bahnhof entdecke ich Frau Dost mit ihren Kindern und Frau Salewski wieder. Die Polen haben sie auf dem Weg zur Arbeit ihrem Schicksal überlassen. Darauf sind sie zum Bahnhof zurückgekehrt …

Es dunkelt, als ein weiterer Zug einläuft. Die Nerwigker sichern sich ihre Plätze im Vorraum eines Wagens auf dem Boden. Ich stehe eine Weile auf dem Gang. Eine Frau zupft mich am Kleid: „Kommen Sie, wir rücken zusammen." Während der Nacht komme ich mit einem Herrn ins Gespräch. Sprache und Ansichten verraten Bildung und Kultur. Wir sehen uns nicht, denn es ist pechschwarz. Gegen Morgen, als es tagt, erkenne ich die ebenmäßigen Züge eines etwa dreißigjährigen gut gekleideten Mannes. Die Frauen beginnen, das Frühstück vorzubereiten.

„Haben Sie nichts zu essen?"

„Nein."

Er richtet eine Doppelschnitte Weißbrot mit Butter und Mettwurst und reicht sie in einer Papierserviette.

„Sie werden es mir nicht übelnehmen, dass ich Ihnen etwas anbiete, nicht wahr?"

Mein Gott, wieder ein Stück Brot!

Schreie. Russen sind im Zug! „Können Sie springen? Wir gehen durchs Fenster!"

Der Fremde hechtet hinaus. Er reicht mir die Hand. Mit einem Satz bin ich neben ihm. „Sportlerin, was?"

„Wie man's nimmt." Wir tauchen ab in die Menge der Flüchtlinge auf dem Bahnsteig.

Gegen Mittag suchen wir uns abermals einen Platz im Zug. Das Abteil ist überfüllt. Also weiter. Schließlich entdecken wir zwei Russlandheimkehrer, fast allein. Der eine versucht, seinem Kameraden aus einem Kochgeschirr löffelweise etwas Erbsensuppe einzuflößen. Er kann kaum schlucken. Beide sind zum Skelett abgemagert mit grauenhaft tiefen, dunklen Augenhöhlen. Der eine befindet sich im letzten Stadium des Verhungerns, kann kaum etwas bei sich behalten. Er spricht nicht mehr und reagiert nur noch schwach, während sich der andere wie eine Mutter um ihn bemüht. „Kamerad, wir kommen bald nach Hause!"

Der Magen des anderen kann die Suppe nicht verkraften. Schwankend erhebt er sich, er muss hinaus. Mein Bekannter stützt ihn. Die beiden Soldaten haben unmenschliche Erlebnisse in Russland durchgestanden, immer Seite an Seite. Nun geht das Leben des einen zu Ende. Der andere erzählt, möchte den Kameraden wenigstens lebend bis zu seiner Familie bringen. Der Gedanke an Frau und Kinder hat ihn bis jetzt aufrecht gehalten …

Auch mein Bekannter erzählt. Sein Vater ist gefallen. Die Mutter, wiederverheiratet, hat auch den zweiten Mann durch den Krieg verloren. Jetzt wird sie sich um ihn, ihren Sohn Helmut, sorgen. Helmut gehört eigentlich zur Marine, aber in den verzweifelten Einsätzen gegen Ende des Krieges ist er bei Partisanenkämpfen in den Karpaten mit einem Beinschuss abgestürzt. Er hat sich eine Rückgratverletzung zugezogen und ist in einem Lazarett in Polen den Russen in die Hände gefallen. Seine Mutter wohnt in Bochum. Das Foto zeigt eine sympathische ältere Dame im Garten. Auch ich krame ein Bild meiner Mutter und meines Bruders Gerhard hervor. Lange verharrt Helmuts Blick auf dem Foto des achtzehnjährigen Fliegers. Ich wusste damals nicht, dass er schwer verletzt in russische Gefangenschaft geraten war.

Wieder müssen wir den Zug verlassen. Geht es denn nicht endlich weiter? Wir hocken auf dem Bahnsteig. Am späten Abend zieht ein junger Russe Helmut ins Vertrauen, legt ihm beide Arme um den Hals und flüstert auf ihn ein. Helmut schiebt ihn sanft von sich.

„Was hat der denn gewollt?"

Helmut zögert. Schließlich entgegnet er: „Na, Sie! Er wollte Sie für eine halbe Stunde geliehen haben. Er dachte, wir gehörten zusammen."

Es ist der 5. September, Vaters Geburtstag. In der Nacht rücken wir enger aneinander. Wir suchen Sternbilder am unerschöpflichen Himmel. Als früherer Ingenieur auf dem deutschen Forschungsschiff „Meteor" erinnert sich Helmut an die klaren Nächte auf den Weltmeeren. Seine Reputation ist so groß, dass ihn Russen und Polen für die Instandsetzungsarbeiten der Hafenanlagen in der Danziger Bucht verpflichten möchten. Eine Villa mit allem Komfort steht für ihn bereit. Doch erst einmal will er seine Mutter besuchen.

„Werden Sie wirklich nach Polen zurückkehren?"

„Wahrscheinlich. Doch zunächst möchte ich wissen, wie es in Deutschland aussieht."

Wir überlegen, ob es nicht sinnvoller wäre, sich zu Fuß nach Westen durchzuschlagen. Doch die Oderbrücke wird von Grenzpolizei scharf bewacht. Und vor dem Durchschwimmen des Flusses wird dringend gewarnt. Die Soldaten schießen sofort. Also Geduld!

Ein neuer Zug läuft ein. Wieder der lärmende Andrang der Flüchtlinge. Im ersten Waggon befindet sich russisches Militär. Die Soldaten haben es wieder auf die Frauen abgesehen. Helmut zerrt mich auf das vordere Trittbrett eines Wagens. „Da hinauf!" Noch sind wir nicht oben, da packt ein Russe in der Nähe eine Frau mit großem Rucksack. „Immer ich! Ich bin schon über das tolle Alter hinaus. Sind denn keine Jüngeren mehr da?" Sie zeigt auf mich. „Da, nehmt doch die!"

„Maria, breit den Mantel aus!" Helmut drängt sich dazwischen. Der Russe schneidet der erregten Frau die Riemen des Rucksacks durch und springt mit der Beute ab. Die Frau verschwindet in der Dunkelheit. Wir stehen vor der Wagentür. Verschlossen! Helmuts Fäuste trommeln dagegen. „Aufmachen!" Doch nichts rührt sich. Das Abteil ist überfüllt!

„Müssen die Russen erst die Tür aufbrechen?"

„Wir haben in den Schützengräben etwas ganz anderes erlebt."

„Wollt ihr denn eine junge Frau der wilden Horde ausliefern?"

Die Tür geht auf. Zugleich zwängt sich ein Russe hinein. Die Männer schieben mich sofort in die Ecke, in der sich die Toilette befindet. Ein Dutzend entlassener Frontsoldaten bildet eine Mauer um mich. Der russische Soldat, auf allen Vieren kriechend, bohrt seinen Arm zwischen den Beinen der Männer hindurch. Ich spüre seine Hand an meinem Faltenrock. Da wirft sich jemand in die Bresche und drängt ihn weiter zurück. Ein Mann stülpt mir seinen Hut über den Kopf. Der wütende Russe lässt einen Augenblick von mir ab. Helmut beugt sich vor. „Hat er Ihnen etwas getan?"

„Nein."

Bis in den Morgen hinein geht die Jagd nach den Frauen. Ich stehe so eingezwängt, dass ich mit meinen Füßen nicht den Boden berühre. Warum fährt der Zug nicht ab? Die Lokomotive, so heißt es, sei nach Landsberg unterwegs, um Wasser aufzunehmen. Auf dem Bahnhof Küstrin gebe es keine Zapfstelle mehr.

Endlich. Der Zug rollt langsam aus dem Bahnhof. Polen ade! Der D-Zug-Wagen, in dem wir Platz gefunden haben, ist nicht so voll wie die früheren Waggons. Auf dem Gang finden wir Gelegenheit, uns zu unterhalten. „Sie glauben nicht, was ich diese Nacht um Sie ausgestanden habe", seufzt Helmut. „Um eine leibliche Schwester hätte ich keine größere Angst haben können. Sie müssen einen guten Schutzengel haben." Ich lächle, ohne dass er es sieht. Wir gehen ein paar Schritte durch den Zug. In den Abteilen sitzen vorwiegend ältere Menschen. In manchen Gesichtern spiegelt sich das Grauen des Krieges. In anderen steht das staunende Unverständnis der Ereignisse. Ist es ein gütiges Schicksal, dass den alten Leuten die Schwere ihrer Entscheidung nicht mehr bewusst wird? Sie befänden sich auf einem Ausflug nach Berlin, erklärt ein Ehepaar. So hätten die Polen es ihnen gesagt, die sie zur Bahn gebracht hatten. Von den Kindern und Enkeln sei kaum noch jemand am Leben. Später, ja, später könne man ja zurück und sich um das aufgegebene Eigentum kümmern …

Berlin-Friedrichsfelde. Die Menschen bewegen sich freier, es herrscht eine große Geschäftigkeit. Ist es der Abstand, die Distanz zu den Russen, der sie ihre Umwelt so erleben lässt? An der Sperre reicht eine elegant gekleidete Frau einem der Heimkehrer einen dicken rotwangigen Apfel. Er nimmt ihn dankend und sagt zu seinem Nebenmann: „Den teilen wir uns, Kamerad."

Helmut bemüht sich um eine Herberge für zwei Flüchtlinge im zerbombten Nachkriegs-Berlin. Glücklicherweise stößt er auf einen Mann aus Hameln, der sich mit einem Hausmeisterehepaar befreundet hat, das in der Nähe des Kurfürstendamms eine Villa versorgt. Die Besitzer haben sich aus Furcht vor den Russen abgesetzt.

Wir werden liebevoll aufgenommen. Endlich ein Bad! Seife. Ein Bügeleisen. Das schottische Wollkleid mit dem breiten Gürtel steht mir gut zu Gesicht. „Was, schon einundzwanzig sind Sie? Ich hätte Ihnen höchstens sechzehn gegeben", sagt die Hausfrau.

Das Haar ist während der letzten Monate stark gewachsen. Ausgekämmt reicht es fast bis auf die Taille. Ich drehe es zu Korkenziehern. „Sie sehen aus wie eine Schauspielerin", bewundert mich die Hausfrau. Ich fühle mich geschmeichelt. Helmut antwortet mit einem jungenhaften Lachen.

Lange sitzen wir in dieser Nacht zusammen, erörtern die Weltlage, machen Pläne für die Zukunft. Helmut wird mithilfe seines Militärpasses leichter in den Westen gelangen als ich mit meiner Czepustka, auf der als Reiseziel Thüringen steht. Thüringen ist jetzt von den Sowjets besetzt.

Ich schlafe wie ein Murmeltier und werde erst wach, als jemand an die Tür pocht. Alle sind bereits fertig angezogen. Helmut geht nach dem Kaffee mit dem Hausmeister und dem Mann aus Hameln in die Stadt, um Lebensmittelkarten zu besorgen, Geld einzutauschen und sich nach der Weiterreise zu erkundigen. Ich helfe der Hausfrau bei der Zubereitung des Mittagessens. Der Garten als Gemüsebeet und die Pakete aus der Tilsiter Heimat haben den Menschen in den bösen Kriegsjahren große Dienste getan.

Ich brauche einen Pass oder wenigstens einen Passierschein, um in die Westzone zu gelangen. Wir durchqueren Berlin in alle Himmelsrichtungen mit der U-, S- und Straßenbahn und schließlich zu Fuß. Am Ende heißt es überall: Grenzverschärfung, keine Möglichkeit. Wären Sie ein paar Wochen früher gekommen … Die

Flüchtlingslager sind überfüllt. Schließlich erhalte ich das begehrte Dokument in einer russischen Zivildienststelle. Ob man mit dem Ausweis unbehelligt reisen könne? Achselzucken. Die Russen seien unberechenbar. Bei Salzwedel, ja, da gingen Flüchtlinge noch täglich zu Hunderten über die grüne Grenze.

Wir kaufen Fahrkarten nach Salzwedel.

Der Zug fährt durch die Mark, durch altes deutsches Land. Die Mitreisenden erzählen sich Schauergeschichten von Zugüberfällen. Nach der Auflösung der Konzentrationslager sind auch die Gewohnheitsverbrecher mit Sicherheitsverwahrung freigekommen, und die „schweren Jungs" machen die Gegend unsicher. Am hellen Tag schwingt sich einer wie eine Katze zum scheibenlosen Fenster des fahrenden Zuges hinein. Die Reisenden schreien auf. Auch der Nachbarwagen erhält Besuch. „Die Notbremse!" ist der erste Gedanke. Aber bevor der Zug zum Stehen kommt, sind die Männer im ärmellosen, quergestreiften Trikothemd mit ihrer Beute wie die Affen zum Fenster hinaus. Hinter dem Bahndamm warten sie, bis die Lok wieder anfährt, um erneut aufzuspringen.

Es wird Nacht. Der Zug hält längere Zeit auf einem kleinen Bahnhof. Die Atmosphäre ist gespannt. Plötzlich steht eine junge Frau auf und ruft: „Ich fahre nicht weiter mit. Es sind Russen eingestiegen." Helmut reserviert mir fürsorglich einen Platz in der Ecke in der Nähe des Fensters. Von der Plattform her betreten im Laufe der Weiterreise vier oder fünf sowjetische Soldaten unseren schwach beleuchteten Wagen. Helmut wirft seine Decke über mich und setzt sich davor. Wie harmlos ist die Situation gegenüber dem Vorfall in Küstrin oder den Ereignissen in Ostpreußen.

Wieder ist es Nacht, als wir den Zug verlassen müssen. Es ist ein kleiner Umsteigebahnhof. Eine Unterkunft gibt es nicht. In den Ruinen eines ausgebombten Stationsgebäudes suchen wir nach einem geschützten Winkel. Ich setze mich auf den Boden und wickle mich in mein Cape. Helmut legt seine Decke über mich und hockt sich an meine Seite. Es ist kühl. Es fröstelt mich. Habe ich Fieber? Ich schlafe und schlafe. Als ich erwache, ist es heller Vormittag. „Sie haben aber einen gesunden Schlaf", lächelt Helmut. Wir kehren auf den Bahnsteig zurück. Die Weiterfahrt soll am Nachmittag sein. Helmut schaut sich in der Umgebung um und kommt frisch rasiert zurück. „Ich habe Wasser gefunden. Man ist dort ungestört." Er reicht mir seine Seife.

Gegen Mittag macht er sich abermals auf den Weg und bringt ein Kochgeschirr voller Kartoffelsuppe mit Bohnen an. Es gibt sogar eine Zeitung. Sie verkündet in roten Schlagzeilen Aufbau, soziale Gerechtigkeit und Fortschritt. Beginnen die Lügen von Neuem oder setzen sich die alten fort ...? Ist es möglich, dass sich das Volk abermals verwirren lässt von dem demagogischen Geschwätz? Wir wollen uns nicht länger über die Presselügen ärgern, sondern den sonnigen Herbsttag genießen.

In einem großen Bahnhof – es muss Stendal sein – bleibt der Zug stehen. Die Unterführungen sind voller Flüchtlinge, hauptsächlich Frauen und Kinder. Sie sind verwahrlost und verdreckt. Die Menschen wollen über die Grenze. Helmut teilt sein letztes Stück Brot unter den hungernden Jungen und Mädchen auf.

An einem Sonntagnachmittag im Frühherbst kommen wir endlich in Salzwedel an. Tausende Flüchtlinge überschwemmen die Stadt, dennoch begegnen die Menschen den Fremden voller Mitgefühl und Anteilnahme. Das Hotel „Schwarzer Adler“ gleicht einem Massenquartier. An Einzelzimmer ist nicht zu denken. Im ersten Stock gibt es eine Schlafmöglichkeit im früheren Festsaal. Reihen schmaler dreistöckiger Lagerpritschen füllen den Raum. Wie die Ameisen hocken die Menschen auf den Notbetten, in den Gängen und zwischen dem bunt gestapelten Gepäck. Heimkehrer in Feldgrau, Kriegsversehrte, aus der Sowjetunion entlassene Mädchen mit kurz geschnittenen Haaren, Mütter mit Kindern warten auf eine Möglichkeit, in den Westen zu gelangen.

Am nächsten Tag suchen wir die Kommandantur auf. Vor dem Gebäude schälen einige Frauen Kartoffeln, andere sitzen im Garten und reinigen Gemüse. Sie sind bei der Grenzüberschreitung erwischt worden und müssen nun einige Tage arbeiten. Den jüngeren sind die Zudringlichkeiten der Soldaten nicht erspart geblieben. Überhaupt scheint man sich die Passierscheine für die Grenze auch auf diese Weise „verdienen“ zu können. Als mir einer der Uniformierten ein unmissverständliches Angebot macht, zieht Helmut mich aus dem Raum. „Kommen Sie, es ist eine Schande, mit solchen Kerlen überhaupt zu verhandeln. Und wenn meine Mutter noch vier Wochen warten muss – ich bringe Sie auf anständige Weise über die Grenze.“

Doch die Kontrollen sind schärfer. Die Russen ziehen Stacheldrahtzäune. Die oft angewandte Methode, wobei sich Flüchtlinge mit Mistgabeln und Hacken unter die Landwirte mischten und selbst am helllichten Tag über die Felder nach Westen zogen, ist nicht mehr wiederholbar. Helmut erfährt von einem alten Frontkämpfer mit metallener Schädeldecke, der als „Draufgänger“ bekannt ist und die Russen bei der Fluchthilfe geschickt an der Nase herumführt. Doch der einstige Soldat ist derzeit nicht bereit, uns zu helfen. „Es hat einen unangenehmen Zwischenfall gegeben. Ich muss einige Zeit warten. Aber ich werde Sie benachrichtigen, wenn es wieder so weit ist.“

Die Tage sind zäh. Sie bekommen ein neues Gleichmaß, einen neuen Rhythmus in der Enge des Schlafsaales. Während Helmut aus der unteren Schlafecke hervorkriecht und zum Waschen geht, ordne ich im „dritten Stock“ der Pritschenbetten meine Haare. Während Helmut nach dem Frühstück sieht, suche ich im Trainingsanzug die Waschgelegenheit auf. Gefrühstückt wird im „ersten Stock“, auf dem inzwischen zusammengerollten Notbett. Mittags essen wir in der Stadt, wo dank des ländlichen Umfeldes trotz der vielen Menschen kein Mangel an Lebensmitteln herrscht. Gelegentlich schauen wir uns eine Kabarett-Aufführung an, finden die Darbietungen oberflächlich, nicht unserem Geschmack, sondern dem Zeitgeist gemäß. Der Tingeltangel ist ein Ausbruch aus dem Ernst des Alltags. Wir aber haben so tief in die Hölle des Entsetzens und der menschlichen Erniedrigung geschaut, dass wir die Wirklichkeit auch nicht stundenweise verdrängen können.

Bei der Darbietung eines mittelmäßigen Ballettsolos kommt mir der Gedanke, bei dem Manager vorstellig zu werden und mich für ein Gastspiel zu empfehlen. So käme ich auch wieder zu Geld. Aber unmittelbar vor der Bühne sitzen sowjetische Soldaten als Zuschauer. Wochenlang bin ich vor diesen Uniformen geflohen. Jetzt kann und will ich nicht zum Schauobjekt werden.

Wie tröstlich, nach Monaten endlich einen katholischen Priester im Menschengewühl auf der Straße zu sehen. Wo ein Geistlicher ist, muss auch eine Kirche sein. Nach vielem Fragen und vergeblichem Suchen stehe ich endlich vor dem kleinen Backsteinbau. Ich erkundige mich nach der Gottesdienstordnung und beschließe, am Sonntagnachmittag in die hl. Messe zu gehen. Der Priester reicht mir die hl. Kommunion.

Die Zeit des untätigen Wartens gibt uns Gelegenheit, mit vielen Menschen ins Gespräch zu kommen. Die Nachbarn auf den Pritschenbetten, in der Waschküche, beim Frühstück – sie alle haben ihre Geschichte. Als ein früherer Gutsbesitzer aus der Nähe von Danzig erzählt, wie er seine junge hübsche Frau kennengelernt hat, meinen wir ein Märchen aus „Tausendundeiner Nacht“ zu hören. Aber als er berichtet, wie dieses Glück von den Russen zerschlagen wurde und die beiden Menschen sich trotz Lager, angedrohter Deportation und größter Erniedrigung nicht trennen ließen, erfahren wir ein Beispiel dauerhafter, unbesiegbarer Liebe.

Zusammen mit dem Gutsbesitzer fährt Helmut noch einmal zu dem entlassenen Soldaten mit der silbernen Schädeldecke, um eine Möglichkeit der Grenzüberschreitung zu erörtern. Zwischenzeitlich mache ich im Pfarrhaus einen Besuch. Der Pfarrer erinnert sich, mich beim Gottesdienst gesehen zu haben. Ich spreche offen zu ihm, auch über Helmut, der mich nun bereits geraume Zeit begleitet, der für mich sorgt und ohne den ich manche harte Situation nicht gemeistert hätte. Ich sage auch, dass wir uns in einem wesentlichen Punkt unterscheiden: im Glauben an Gott. Helmut glaubt nicht, glaubt nicht mehr. Der Krieg hat in ihm einen Traum zerstört, während ich mich immer mehr in Gottes Schutz geborgen weiß. Es ist ein langes, einfühlsames Gespräch. Am Schluss äußere ich meine vorsichtige Überlegung, ob ich nicht ins Kloster gehen solle. Außer zu Frau Jagelke habe ich zu niemandem über diesen Gedanken gesprochen. Der Priester denkt eine Weile nach. „Nein“, sagt er dann, „ich glaube nicht. Ihr Talent als Künstlerin sollten Sie nicht vergraben. Auch als Tänzerin kann man heilig werden.“

Die beiden Männer sind früher als erwartet zurück. Es war eine vergebliche Reise. Helmut hat mir vom Ausgang des Gesprächs berichten wollen, mich aber nicht angetroffen. Er ist sichtlich verstimmt. „Sie verschwinden einfach. Ich mache mich ja lächerlich mit meiner Sorge um Sie. Ich dachte schon, Sie würden nicht wiederkommen. Wenn Sie kein Vertrauen zu mir haben, dann sollten wir uns besser trennen.“

Das klingt hart. Er kehrt mir den Rücken zu und schaut zum Fenster hinaus. Am liebsten würde ich zu ihm gehen, möchte ich ihm alles sagen. Auch, dass meine Liebe im Grunde dem gehört, an den er nicht mehr zu glauben meint. Ich bin dem Weinen nahe. Ich sage leise seinen Namen. Trotzig wendet Helmut sich um. Ich suche sein Verständnis: „Ich weiß, dass ich Ihnen Rechenschaft schuldig bin.“

Er fällt mir ins Wort: „Nein, Sie sind mir nichts schuldig. – Verzeihen Sie, ich hatte an mich gedacht.“

Er sieht müde und traurig aus.

Seit Tagen verspüre ich eine ansteigende Übelkeit. Selbst den Milchreis, den ich sonst so gern mag, lasse ich jetzt unberührt stehen. Helmut gibt sich viel Mühe, mir bekömmliche Kost zu verschaffen. Wir stehen uns an den Querseiten des Tisches gegenüber, und er fragt unvermittelt: „Sind Sie vielleicht krank?“

Vergessen ist plötzlich der Meinungsstreit. Besorgt blickt er mich an. Es ist besser, einen Arzt zu Rate zu ziehen. Am folgenden Tag bleibe ich mit starken Kopfschmerzen im Bett. Ich spüre das Fieber in meinem Leib. Ich bin allein, als es klopft. Zwei Rotkreuzschwestern stehen in der Tür. „Ihr Freund schickt uns“, sagt die ältere, es klingt etwas spitz. „Helmut ist nicht mein Freund!“, erwidere ich scharf. Den beiden verschlägt es die Sprache. „Aber er ist doch ein so netter, lieber Mensch.“ Dem kann ich nicht widersprechen.

Sie lassen ein Thermometer und Tabletten gegen Fieber und Kopfweh da. Bald geht es mir etwas besser. Helmut vermittelt die Visite einer Ärztin. Dann übergibt er mir sein Portemonnaie mit der Aufforderung, mich seines Geldes für die Beschaffung der Arzneien nur ohne Bedenken zu bedienen. Weder Ärztin noch Apotheker wollen eine Bezahlung annehmen. Am folgenden Tag erscheint ein Bote der Frau Doktor und überbringt einen Brief. Ihre Diagnose sei vielleicht nicht präzise genug gewesen. Alle Anzeichen meiner Erkrankung deuteten auf Typhus hin. Sie fügt einen Einlieferungsschein in das Salzwedeler Krankenhaus bei.

„Meine Vermutung hat sich also bewahrheitet“, sagt Helmut resigniert. „Aber wollen Sie hier unter russischer Aufsicht vielleicht wochenlang in der Klinik liegen?“

Eine Welt bricht für mich zusammen.

„Wie stark fühlen Sie sich? Können Sie reisen? Wir fahren nach Berlin!“

„Berlin?“

„Ja. Es geht das Gerücht, dass die Engländer vom Flugplatz Staaken deutsche Flüchtlinge über die Grenze fliegen. Vielleicht haben Sie Glück.“

Helmut steckt den Einlieferungsschein fürs Krankenhaus in die Brieftasche und geht zum Bahnhof, um Fahrkarten zu kaufen. Ich packe derweil meine Segeltuchtasche.

Wieder vierundzwanzig Stunden unterwegs. Es geht auf Mitternacht zu, als wir den Zug verlassen. Bei der Verpflegungsstelle für Flüchtlinge gibt es eine dünne Reismehlsuppe. Als sich die letzten Reisenden verzogen haben, will der alte Bahnbeamte die Türen der Wartesäle schließen. Wir wissen nicht, wohin wir uns jetzt wenden sollen und bitten ihn, dableiben zu dürfen. Er will sehen, was sich machen lässt, geht, kommt nach einer Weile mit seiner Frau zurück, die eine große Tüte Reismehl im Arm trägt. Ja, wir sollen mit ihnen nach Hause gehen. Eine Fieberkranke könne man doch nicht auf dem Bahnhof zurücklassen.

Unweit der Bahnstation bewohnen unsere Gastgeber eine geräumige Etage eines mehrstöckigen Hauses. Helmut und ich beziehen im „Salon" Couch und Sofa. Andere Reisende erhalten Decken und Kissen und legen sich auf den Fußboden. Die Frau teilt mir noch ein dickes Federbett zu. Aber trotz Erschöpfung kann ich nicht schlafen. Ich lausche in die Nacht, höre die regelmäßigen Atemzüge meines Begleiters. Als ich schließlich nach unruhigem Halbdämmer wieder zu mir komme, steht Helmut am Küchenherd und kocht Haferschleim.

Nach dem Frühstück machen wir uns auf den Weg nach Staaken. Entlassene deutsche Soldaten und Wehrmachtshelferinnen werden in die Heimat abgefertigt. Helmut zeigt dem Posten seine Papiere. Er lässt ihn passieren, doch vor mir senkt er den schwarzweiß geringelten Stab. „Without the wife! Ohne die Frau!" Es helfen keine Erklärungen. Der Soldat ist unerbittlich. Helmut ist es ebenfalls. Er dreht sich um. „Dann nicht!"

„Es ist mir so arg, dass ich Ihnen so viele Umstände mache. Ohne mich könnten Sie längst bei Ihrer Mutter sein."

„Das macht nichts", sagt Helmut.

Aus einem Flüchtlingslager in der Nähe der Havel werden laut unseren Erkundigungen von den Besatzungstruppen auch Zivilpersonen nach Westen befördert. Wir wittern eine neue Chance. Doch als wir das Lager erreichen, verkündet ein riesiges Plakat: „Lager gesperrt" – Typhus.

Wir fahren bis Oebisfelde. In Oebisfelde soll man noch über die Grenze gelangen können. Soll ... Vermutungen. Gerüchte. Spekulationen. Der Wartesaal ist überfüllt, doch Helmut verschafft mir einen Platz. Er möchte sich die Landschaft einprägen, doch als er gehen will, steigt ein Mann auf den Tisch. „Wir sollten uns nichts vormachen. Über die grüne Grenze wollen wir alle. Doch daraus wird nichts mehr. Überall Stacheldraht. Jeden Tag werden Flüchtlinge erschossen und verschleppt. Na ja, und die Frauen ... Ihr wisst ja, was mit denen geschieht. Also, nicht hier, aber bei Helmstedt ist die Grenze noch offen."

Eine Falle? Während der Mann redet, schaut ein russischer Posten zum Fenster herein. Er muss die Wegbeschreibung doch hören: zuerst also die Kleinbahn bis Weferlingen. Über einen bestimmten Weg zum Wald, dann über eine Brücke. Bereits dicht an der Grenze in einer Talsenke befinde sich ein hölzernes Wetterschutzhäuschen, in dem könne man übernachten. Beim ersten Morgengrauen, wenn die Posten am nachlässigsten seien, dann der Grenzübertritt.

Wir fahren nach Weferlingen. Es geht mir schlecht. Einer der Mitreisenden betrachtet mich argwöhnisch, äußert schließlich den Verdacht, das Fieber könne vom Typhus herrühren.

„Typhus?“ Wie Geröll bricht ein gewaltiges Geschrei los. „Stecken Sie uns ja nicht an! Steigen Sie aus! Ja, verlassen Sie augenblicklich den Zug!“

Helmut schiebt mich auf die Plattform. „Die sollen sich erst einmal beruhigen.“

„Ist Typhus wirklich so ansteckend?“

„Ach wo!“

Weferlingen. Wir folgen der Wegbeschreibung. Im Wald bereiten sich bereits andere Flüchtlinge auf den geheimen Grenzübertritt vor.

„Stoij!“

Ein Mann verliert die Nerven, springt vom Weg ins nächste Gebüsch. Eine Maschinenpistole jagt ihre tödlichen Garben hinterher. Zwei sowjetische Soldaten treten auf uns zu. Helmut zeigt ruhig seine Papiere. Er versucht ein Gespräch mit unzureichenden russischen Worten. Dann kontrollieren die Posten auch meinen Passierschein. „Berlin? Kommandantur? Hier nicht befehlen!“ Sie zerreißen das Dokument und werfen die Fetzen fort. Helmut darf den Weg fortsetzen. Ich muss zurück. „Maria, breit den Mantel aus!“

Helmut zieht ein Päckchen Zigaretten hervor, bietet den Russen davon an. Nein, er wird nicht ohne mich in den Westen gehen. Schließlich befehlen sie uns zurück, und wir erhalten den Verweis, uns ja nicht noch einmal illegal der Grenze zu nähern.

Nicht noch einmal? Wir müssen doch hinüber! Jetzt ist es besonders wichtig, die örtlichen Verhältnisse genau zu kennen. Wie verlaufen Grenze und Wege? Wo wird am meisten kontrolliert? Wo kann man sich notfalls verbergen? Nur nicht laufen, wenn die Russen kommen, heißt es. Vorhin haben sie erst wieder einen Flüchtling erschossen.

Bei Einbruch der Dunkelheit finden wir das Wetterschutzhäuschen. Es ist mit Flüchtlingen überfüllt. Was, die alle wollen auf die andere Seite? Zwei Männer halten draußen Wache. Helmut fragt, ob ich schlafen könne. Nein, ich kann nicht. Vor Fieber schwinden mir die Sinne. Wir suchen eine geschützte Stelle am Waldrand. Vielleicht vermag ich hier Ruhe zu finden. So verbringen wir die Nacht. Dann Aufbruch. Wir schleichen durch nasse Wiesen.

„Wie lange dauert es noch?"

„Zwei Stunden.

„Dann kann ich nicht mehr."

Helmut herrscht mich an: „Jetzt, wo wir fast so weit sind, dürfen Sie nicht schlappmachen."

Zwei Stunden, drei, vier Stunden vergehen, am Ende sind es sechs. Manchmal kriechen wir auf allen vieren in den Grenzwäldern umher, weil plötzlich russische Uniformen auftauchen. Bewegen wir uns im Kreis? Ich laufe barfuß; die Schuhe kommen mir schwer wie Blei vor.

„Wenn wir die Anhöhe dort erreichen, sind wir jenseits der Grenze."

Vorsichtig tasten wir uns voran. Ein Pfiff! Ein Grenzsoldat taucht zwischen den Bäumen auf. Ich werfe mich auf den Boden. Helmut läuft gebückt den Hügel hinauf. Ich warte. Etwa hundert Meter hinter mir hocken die anderen. Ich kehre nach einer Weile leise zu ihnen zurück, und gemeinsam stoßen wir auf weitere Flüchtlinge. Es ist besser, die Morgendämmerung abzuwarten. Im Zwielicht ziehen wir abermals los.

„Wir sind hinüber!" Die Nachricht platzt wie ein berstender Ballon in die Stille. Und doch bricht niemand in Freudenrufe aus. Die Anspannung war zu groß. Der Pfad mündet in die Landstraße. Es ist herbstlich kühl. Vor uns liegt Helmstedt. Sprühregen setzt ein. Helmut hat mein Cape und die Segeltuchtasche bei sich. Eine Nachbarin leiht mir einen Mantel. Einige hundert Meter vor der Stadt warten zwei Polizisten.

„Ist unter Ihnen eine Irmgard Behrendt?"

„Das bin ich."

Sie überreichen mir eine Karte mit Helmuts Adresse. „Der Herr hat Sie heute früh in der Stadt per Lautsprecher suchen lassen."

Von jetzt an muss Helmut sich keine Sorgen mehr um mich machen.

Wir sind frei!

Wir sind frei!

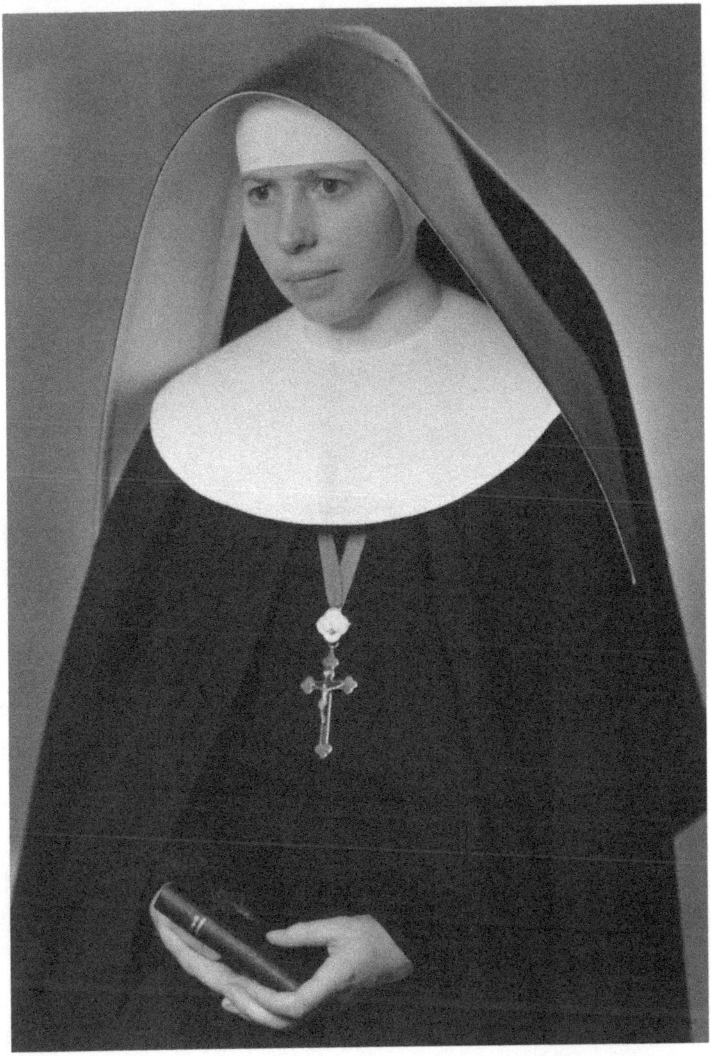

Ordensprofess bei den Steyler Missionsschwestern.

Fachausdrücke, die im Text vorkommen:

Scharwerker: Gelegenheitsarbeiter.

Insthaus: Haus eines Instmanns und seiner Familie, eines ständigen Arbeiters auf einem größeren Bauernhof mit ein paar Hektar Land zum Eigennutz, ähnlich den „Köttern" in Nord- und Westdeutschland.

Abbauten: Höfe, die seit der sogenannten Separation und am Ende der Dreifelder-Wirtschaft außerhalb des Ortskerns der alten Dorfanlage gelegen waren.

Kätnerfamilien: Familien, die auf einem kleinen Grundstück im Dorf mit ein paar Morgen Land in einer Kate wohnten.

Kalupp: Hütte, vom polnischen Chalupa.

Staruch: so wurden in Nerwigk die ältlichen russischen Besatzungssoldaten genannt, die ständig herumkutschierten, plünderten und für die Frauen ein Schrecken waren.

Gespräch mit Schwester Fides (Irmgard) Behrendt, Mai 2014

Die Fragen an Schwester Fides Behrendt stellte Schwester Monika Jansen.

Frage: Schwester Fides, seitdem du den Schrecken der Invasion deiner ostpreußischen Heimat durch die von Hass erfüllte Rote Miliz seelisch gesund entkommen bist, sind fast siebzig Jahre vergangen. Dein weiterer Lebensweg hat dich dann in die Ordensgemeinschaft der Steyler Missionsschwestern geführt. Wie kam es dazu?

Antwort: Nun, ich habe immer gespürt, dass ich Gott gehören sollte. Am 24. Juni 1945 habe ich in der heiligen Messe, einem Militärgottesdienst, den einzigen, den die Russen den Polen erlaubten, mein Leben Gott geweiht.

Frage: Kam dir da der Gedanke, in ein Kloster zu gehen?

Antwort: Nein, der kam später einmal, ganz spontan, ich wusste ja gar nicht, was ein Kloster war …

Frage: Nachdem du im Westen warst, kamst du zuerst nach Essen?

Antwort: Ja, ich kam zu einer Cousine meines Vaters, sie wohnte in Essen-West. Hier wurde ich polizeilich gemeldet. Das war möglich, weil ich krank war; ich hatte Typhus, sonst hätte ich dort nicht bleiben können.

Die Zeit von Oktober 1945 bis Januar 1946 verbrachte ich auf der Isolierstation im Krankenhaus (Huyssenstift) in Essen.

Später dann einmal, nach einer heiligen Messe, die in einer Garage gefeiert wurde, die Pfarrkirche St. Antonius war zerbombt, sagte ich dem Pfarrer, dass ich die Absicht hätte, in ein Kloster zu gehen. Er berichtete mir, ein Mädchen aus seiner Pfarrei sei vor Jahren bei den „Steylern" eingetreten und jetzt auf den Philippinen tätig. Er suchte die Adresse und gab sie mir.

Frage: Und hast du dann bald Kontakt aufgenommen?

Antwort: Ja, ich habe einen Brief „An den Prior in Steyl" geschrieben, ich wusste ja nicht, wie man einen Priester anredet ... Ich teilte ihm mit, was ich bisher gemacht hatte und legte mein Abiturzeugnis bei.

Frage: Und hast du lange auf Antwort warten müssen?

Antwort: Nein, sie kam postwendend ... Ich bekam den Rat, mich bei den Steyler Missionsschwestern in Haan zu melden. Haan gehörte wie Essen zur englischen Zone, man durfte ja nicht von einer Zone in die andere reisen.

Frage: Und dann hast du dich bald auf den Weg gemacht?

Antwort: Am 18. März 1946 fuhr ich nach Haan zum Krankenhaus, das von den Steyler Schwestern geführt wurde. Ich bat, mit der Frau Oberin sprechen zu dürfen. Die Oberin, eine große, stattliche Frau sagte: „Sie hat uns der heilige Josef geschickt!" Die Schwestern hatten gerade eine Novene gehalten. Eine Frau Scholz, die leibliche Schwester einer Ordensschwester, die aus Schlesien geflohen war, brauchte dringend Hilfe in der

Hostienbäckerei und hatte die Schwestern ums Gebet ersucht. Da hatte der heilige Josef also mich geschickt …

Ins Kloster eintreten konnte ich natürlich nicht sofort, man musste mich ja erst einmal kennenlernen. So habe ich als Dienstmädchen in der Hostienbäckerei gearbeitet und bei den Dienstmädchen im Krankenhaus gewohnt. Doch dann wurde ich wieder krank. Mitte Juli brach die Malaria aus.

Frage: Malaria, wie konntest du dich mit Malaria anstecken?

Antwort: Ich denke, auf der Flucht, wenn wir durch Sümpfe mussten, da waren mehr als genug Mücken. Die Krankheit kam wohl deshalb so spät zum Ausbruch, weil ich gesundheitlich sehr geschwächt war. Behandelt wurde ich im Tropeninstitut in Düsseldorf.

Frage: Und die Aufnahme fürs Kloster?

Antwort: Die Provinzoberin lehnte eine Aufnahme ab, sie wusste ja und sah, dass ich nicht gesund war. Doch vor Weihnachten kam plötzlich ein Brief von ihr mit der Frage, warum ich die Unterlagen nicht schicken würde. Das habe ich dann, nach einer gründlichen ärztlichen Untersuchung, bei der festgestellt wurde, dass die Lunge nicht ganz in Ordnung sei, getan und bekam die Aufnahme für März.

Frage: Das war dann März 1947?

Antwort: Ja, März 1947. Vier Wochen war ich als Aspirantin im Kloster Vallendar am Rhein, dem Provinzialat und Ausbildungshaus der Steyler Schwestern, da wurde ich wieder krank, Lungen- und Rippenfellentzündung und schließlich Tuberkulose. Mein Gesundheitszustand war so schlecht, dass der Arzt mir prophezeite, wenn das mit mir so weiterginge, läge ich in einem halben Jahr unter der Erde.

In Oberdischingen, in der Nähe von Ulm, hatten die Schwestern eine Landwirtschaft. Dorthin kam ich am 21. November 1947. Hier war die Luft besser als am Rhein und es gab ausreichend zu essen.

Frage: Und wie lange warst du dort?

Antwort: Nach einem Jahr etwa wurde mir gesagt, dass keine Aussicht auf Genesung bestehe, aber ich könne bei ihnen bleiben …

Nun, Unkraut vergeht nicht. Ich bin nicht gestorben. Doch die Zeit der Krankheit bedeutete für mich fast zwei Jahre Exerzitien …

Frage: In denen du dich aber gesundheitlich wieder erholtest?

Antwort: Ja, trotzdem gab das Generalat in Rom keine Erlaubnis, mich meiner geschwächten Gesundheit wegen in die Gemeinschaft aufzunehmen. Aber die Regionaloberin setzte sich für mich ein.

So konnte ich nach der Ausbildung, Postulat und Noviziat, im Juni 1952 die Ordensgelübde ablegen. Missionsbestimmung für Brasilien erhielt ich am 29. Juni und am 19. September 1952 landete ich im Hafen von Rio de Janeiro.

Frage: Was erwartete dich in Brasilien?

Antwort: Zunächst habe ich in unserem Kolleg in Belo Horizonte Portugiesisch gelernt zwecks Anerkennung des deutschen Abiturs, auch ein Praktikum machte ich in diesem Kolleg.

Nach dem Studium der Mathematik, Physik und Religionswissenschaften an der katholischen Universität in São Paulo von 1954 bis 1958 unterrichtete ich bis 1963 an unserem Kolleg in Belo Horizonte.

Dann wurde Anfang 1963 die Ordensprovinz in eine Nord- und Südprovinz geteilt, und ich kam vom Schuldienst zum Konvent in São Paulo, auch wegen der durch wiederholte Lungenentzündung geschwächten Gesundheit.

Frage: Deine Gesundheit hat dir also immer wieder zu schaffen gemacht?

Antwort: Ja, immer wieder. 1970 wurde eine Niere entfernt, die durch die Tuberkulose zerstört worden war. Aber Unkraut vergeht eben nicht …

Frage: Und was war deine Aufgabe im Konvent?

Antwort: Ich war in der Verwaltung und der Ausbildung des Ordensnachwuchses tätig, damals über zwanzig Novizinnen und Postulantinnen, und im Übrigen war ich immer das fünfte Rad am Wagen …

Nebenbei habe ich im Pastoraldienst der Pfarrei (Liturgie und Bibelkreise) mitgemacht. Dabei kam ich in Kontakt mit Menschen aus den Favelas (Armenvierteln).

Frage: Und in São Paulo bist du immer geblieben?

Antwort: Vorübergehend war ich auch in Rio. Aber ab 1966 war ich immer in São Paulo, wo ich allmählich in die Gemeindearbeit hineinwuchs. Ich bekam Kontakte zu den Familien in den Favelas.

Frage: Du hast ab 1976 über 20 Creches gegründet, also Kindertagesstätten, in denen Kinder während der Berufstätigkeit ihrer Mütter und Väter aufgenommen werden. Gibt es Ereignisse, Erlebnisse mit Menschen, die dir besonders nahegegangen sind?

Antwort: Ja, es gab einige. Zum Beispiel das Schicksal von Geraldinio. Er war schon von Klein auf in der Creche. Die fünf oder sechs Kinder seiner Mutter stammten von verschiedenen Vätern. Mit zwölf Jahren wollte dieser intelligente Junge Geld verdienen. Er fand Arbeit als Laufbursche in einem Supermarkt, brachte den Kunden die Einkäufe nach Hause.

Eines Tages wurde er unterwegs von einem unbekannten Mann aufgefordert, ein kleines Päckchen bei einer bestimmten Adresse abzugeben. Dabei verpasste der Mann ihm eine Injektion, von der ihm ganz übel wurde. Er erhielt von dem Mann die strikte Warnung, mit niemandem darüber zu sprechen. Geraldinio erzählte es jedoch seiner Mutter. Wenige Tage darauf fand sie den Jungen tot in der Hütte, die Augen ausgestochen, Zunge, Ohren und Geschlecht abgeschnitten.

Ein anderes Beispiel war ein Mädchen namens Acilene. Ich sah sie in der Favela auf einem Bein hüpfen. Als ich mich nach ihr erkundigte, habe ich erfahren, dass sie Vollwaise war. Mit sieben Jahren wurde ihr in Pamelas, in Fernanbuco, das Bein abgefahren, als sie in einer Mulde Wasser holen wollte. Sie war ein Jahr im

Krankenhaus. Beide Beine waren in Mitleidenschaft gezogen, eines konnte gerettet werden. Die Mutter starb an Krebs, der Vater wahrscheinlich an Trunksucht. Die ältere Schwester hat die neun jüngeren Geschwister nach São Paulo in die Slums geholt.

Ich sah also Acilene auf dem Weg hüpfen, habe dafür gesorgt, dass sie eine Prothese bekam, die Schule besuchen konnte. So lernte ich auch die Familie kennen. Die älteste Schwester war eine Banditin, die zu sieben Jahren Gefängnis verurteilt wurde. Zwei Jahre und drei Monate musste sie absitzen. Der Rest der Strafe wurde unter der Auflage, dass sie für ihre Kinder sorgen sollte, erlassen. Sie selbst hatte vier Kinder mit einem verheirateten Mann. Ihre älteste Tochter — noch ein halbes Kind — war auch schon Mutter. So sorgte ich für die drei Geschwister, Acilene bereitete sich später auf die Universität vor. Die jüngeren Geschwister wurden von der ältesten Schwester dann auf die Straße gesetzt, weil sie nicht genug nach Hause brachten. Sie mussten aus dem Abfall Alteisen suchen und verkaufen. Die Narben ihrer Misshandlung tragen sie immer noch. Mit ihnen und anderen Kindern von der Straße blieb ich all die Jahre in Verbindung.

Andere, um die ich mich auch bemüht hatte, gehörten zu den Namenlosen, die bedroht oder angelockt wurden von Banditen, die sie in ihre Abhängigkeit brachten. Sie kamen im Drogenmilieu – oft grausam – ums Leben. Es war eine abschreckende Rache für Abtrünnige, die diesem Milieu entkommen wollten.

Frage: Ich möchte zurückkommen auf die Kinder, die in Banden arbeiten oder von Banden für Drogengeschäfte missbraucht werden. Kannst du uns hier ein Schicksal schildern?

Antwort: Ja, ich denke an einen meiner Jungen, Juan Carlos, den ich, als er etwa zehn Jahre alt war, zur Betreuung bekam. Die Mutter war Prostituierte, der Vater Alkoholiker. Der Vater schickte das Kind, als es noch ganz klein war, zum Betteln auf die Straße. Es musste Geld nach Hause bringen, damit der Vater Schnaps kaufen konnte. Wenn es kein Geld nach Hause brachte, wurde es verprügelt. Der Junge fing an zu stehlen, weil er ja keine Schläge bekommen wollte. So kam er mit Banditen in Berührung. Er lief schließlich von zu Hause weg und schloss sich einer Bande an. Die Banditen stifteten ihn an, durch Klappfenster in Wohnungen einzusteigen, um nachzusehen, ob jemand zu Hause sei. Als er das erste Mal von der Polizei aufgegriffen wurde, war er acht Jahre alt. Die Polizei misshandelte Juan Carlos, um die Namen der Anstifter herauszubekommen. Der Junge ging dann zu den Banditen zurück. Als man mir den Jungen brachte, wies sein ganzer Körper Brandspuren von Zigaretten auf. Man hatte ihm das Nasenbein gebrochen, er hatte Wunden am Kopf und am Körper. Er war geflohen, weil er von den Banditen zum Tode verurteilt worden war. Es gelang ihm, sich zu verstecken.

Aber mit Juan Carlos war danach nichts mehr anzufangen. Er leitete zwei Zehnjährige zum Stehlen an und trug auch immer ein Messer mit sich herum. Zur Schule wollte er nicht gehen. Er war Bettnässer. Ich brachte ihn zum Arzt, zu einem Psychologen. Der Arzt sagte, der Junge sei innerlich von Drogen zerstört. Einmal lief er weg, wir fanden ihn wieder. Dann riss er zum zweiten Mal aus. Es stellte sich heraus, dass er in einem kleinen Geschäft Wertsachen gestohlen hatte. Einmal kamen er und seinesgleichen in unser Haus Casa Padre Juanito, um dort zu schlafen. Ich habe Juan Carlos gefragt, ob er nicht zuerst zu „SOSCrianca“ gehen möchte; er wollte nicht. Nein, lieber wollte er auf der Straße bleiben. Ich habe dann nichts mehr von ihm gehört — wahrscheinlich lebt er nicht mehr.

Frage: Und diesen Menschen gehörte dann dein ganzer missionarischer Einsatz. Aber doch nicht allein?

Antwort: Natürlich nicht. Ich lernte einen Japaner Isamu Kukita (Luis) kennen, vierzig Jahre haben wir zusammengearbeitet.

Beispiele: Luis stieß eines Tages am äußersten Rand der Stadt auf das Findlingsheim der alten Irmã Inês, einer Mulattin, die, selbst ein Findelkind, seit Jahren für Babys, die bei ihr abgegeben wurden, Mutter war. Ich lernte Irmã Inês kennen, und wir konnten in der elenden Behausung mithilfe von Freunden der größten Not – Hunger, Krankheiten und Ungeziefer – Abhilfe schaffen.

In einer kleinen Favela, keine zwei Kilometer vom Konvent entfernt, konnten wir über dreißig Kinder (teils im Schulalter) polizeilich melden und für Mütter und Kinder das Nötigste tun.

Für die weitere Entwicklung unserer Arbeit sorgte die göttliche Vorsehung … Das Sozialwerk „LAR IRMÃ INÊS“ wurde offiziell gegründet …

Eine begüterte Familie schenkte uns ein großes Grundstück im Zentrum von Embu-Guaçu für unsere Arbeit mit den Straßenkindern, die inzwischen zur Plage wurden …

Der Plan für ein Heim für etwa sechzig Kinder war schnell fertig.

Frage: Und die Finanzierung? Woher kamen denn die finanziellen Mittel?

Antwort: Es waren alles nur private Spenden aus Deutschland. Das Sozialwerk wurde bekannt. In einer Zeitung wurde darüber berichtet und es meldeten sich viele, die helfen wollten und geholfen haben, bis heute. Als der Bau begann, hatten wir 30 000 Cruzeiros. Als er eingeweiht wurde, waren immer noch 30 000 in der Kasse.

Frage: So hattet ihr keine finanziellen Sorgen?

Antwort: ... Andere Sorgen waren bedrückender. Ein geflügeltes, ziemlich vulgäres Wort sagt: „Filha de puta, puta é“ (eine Hurentochter bleibt eine Hure).

Das Heim hatte bei der Bevölkerung der Stadt keinen guten Ruf ... Die Kinder wurden in der Schule und der Gemeinde abgelehnt und verhielten sich entsprechend.

Bei den Tagesstätten für Kinder aus der Favela, die wir ebenfalls einrichteten, hatte ich gelernt, keine Kinder aufzunehmen, deren Mütter nicht arbeiteten. „Niedrige Dienste“ als Straßenkehrerin oder Putzfrau gab es noch überall. Bei Tag wurden die Kleinkinder in der Creche (Tagesstätte) betreut, nachts blieben sie bei der Mutter/Großmutter. Die Väter waren oft verschwunden. Nach Möglichkeit besuchten diese Kinder später die öffentliche Schule.

Frage: Und nach der Schule? Gab es denn Möglichkeiten, einen Beruf zu erlernen?

Antwort: Viele Jahre mühte ich mich um Werkstätten für unterprivilegierte Jugendliche, die ohne Beschäftigung, ohne Verdienst gewalttätigen Banden und verführerischen Drogenhändlern ausgeliefert waren. Auch da kam uns die Vorsehung zu Hilfe.

Ein Legat des Bonner Arztes Dr. Jürgen Dockter machte es möglich, das an „LAR IRMÃ INÊS" angrenzende Grundstück für die berufliche Ausbildung mittelloser, strebsamer Jugendlicher, deren Familien für die Fortbildung ihrer Kinder nicht aufkommen konnten, zu erwerben.

Nach und nach entstanden dann, gemäß den neuen Anforderungen, Werkstätten, die von Fachkräften geleitet werden. Es gibt dort z. B. Grundausbildungskurse in Elektronik, Computertechniken, eine Nähschule, Bäckerei, Konditorei.

„Movimento Renovador Paulo VI" ist der Name des Sozialwerkes. Es ist ein Pionierprojekt für die Erziehung und Bildung vom Kleinkind in der Creche bis zur beruflichen Ausbildung in den Werkstätten „Jojo Dockter".

Sr. Monika Jansen: Ein großartiges Werk, das, wie du sagst, inzwischen Nachahmer gefunden hat.

Sr. Fides: Ich habe nie das Elend gesucht, doch wenn der Herrgott mich auf eine Not stieß, dann tat ich mein Möglichstes.

Einer von Hunderten Hügeln an der Peripherie von São Paulo.

Ein Haus auf dem Hügel aus der Nähe.

Besuch in einem Armenviertel.

Während der feierlichen hl. Messe, in der Hélio am 15.8.1980 getauft wurde.

Nach Hélios Taufe in der Kirche „Sagrada da Família" am 15.8.1980. (Die Kirche wurde 1964 aus Eukalyptusstämmen gebaut, die die Männer aus dem Urwald holten. Inzwischen haben die Termiten sie schon ganz ausgehöhlt.)

LAR IRMÃ INÊS.

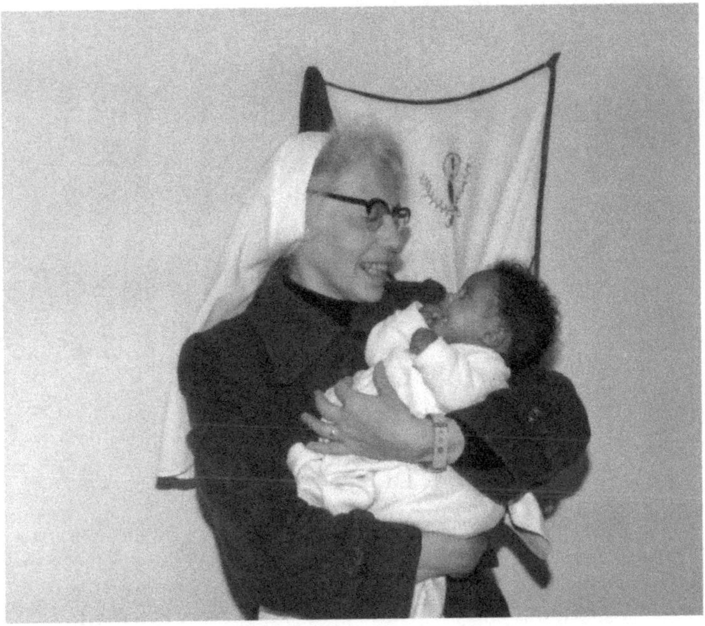

Schwester Fides (Irmgard) Behrendt in Brasilien.
Aufnahme vom 19.9.1983.

Eltern- und heimatlose Kinder sind Schwester Fides ans Herz gewachsen.

Besuch auf der Baustelle am 26. Juli 1989. Beim vierten Zweifamilienhaus wurde gerade die Decke betoniert.

Rechts die Sozialmutter Darcy von „Casa P. Juanito", links ihr Mann Patrício, in der Mitte Claudia, die Nachhilfelehrerin von „Casa P. Juanito". Aufnahme vom 25.4.2000.

Wolfgang Waldstein

Mein Leben

Erinnerungen

Wolfgang Waldstein wurde am 27. August 1928 in Hangö/Finnland geboren.
In seinen Erinnerungen, die er auf Wunsch von Kardinal Ratzinger niedergeschrieben hat, schildert er seine Kindheit in Finnland, die Kriegszeit in Salzburg und seine Berufung als ao. Professor an die Universität Innsbruck und ab 1965 als Professor für Römisches Recht an die Universität Salzburg. Ab 1994 gehörte er dem Consiglio direttivo der „Päpstlichen Akademie für das Leben" in Rom an.
Zeit seines Lebens trat er für den Schutz des Lebens ein. Er kämpfte gegen das legitimierte Unrecht der Abtreibung und versuchte, beim Heiligen Stuhl eine Stellungnahme zum Thema „Hirntod – Organentnahme" zu erwirken. Prof. Dr. Wolfgang Waldstein gilt international als Experte für das Naturrecht. Er erhielt zwei Ehrendoktorate verliehen und wurde mit zahlreichen Preisen und Ehrungen ausgezeichnet.

Geb., mit SU, 240 Seiten
13,5 x 20,5 cm
€ 17,95 (D), € 18,50 (A)
ISBN 978-3-9815943-4-8